新版 平野レミの

作って幸せ・
食べて幸せ

主婦の友社

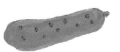

「うちのごはんが一番！」 いつもほめてくれた 思い出の料理が詰まっています

「作って幸せ・食べて幸せ」というタイトルは、平野レミさんの夫であり、イラストレーターであった和田誠さんが考案したものでした。1999年に刊行されたこのレシピ本は、イラスト・書名や料理名の文字・デザインまで和田さんが手がけた、夫婦共作の貴重な一冊です。2019年秋、その和田さんが惜しまれながらこの世を去りました。20年以上前に作られたとは思えない、ユニークで国際色豊かなレシピの数々。その影には、常に夫・和田誠さんの支えがありました。

　和田さん（和田誠さん、以下和田さん）はお茶一杯でも、「うちのお茶がいちばんおいしいね」と言ってくれるような人でした。新しくオリジナル料理を作れば、まずそのお皿を引き寄せて食べてくれる。まずいなんて言われたことはありません。「うちのごはんが一番だね」、その言葉が何より、お料理が上達する秘訣だったように思います。

　幸い、夫は最後まで虫歯もなく元気な歯で私の料理を何でも食べてくれました。このレシピ本には夫の好物もたくさん載っています。たとえば、88ページの「ラムチョップ焼き」。一緒にスーパーに行って、「今夜は何がいい？」と訊くと、必ずお肉のコーナーを指さすほどお肉が好きだった和田さんは、このラムチョップが大好物でした。亡くなる直前はほとんどごはんを食べられなかったので、亡くなったあと、和田さんの好物だけを詰め込んだお重を作ったんです。そこにももちろん、このラムチョップを入れました。最近はこのレシピもさらに工夫を加えて、お塩のかわりに自家製の塩こうじを使います。そうすると、

2014年、週刊朝日に掲載された貴重な2ショット／©朝日新聞出版

お肉がやわらかくなってくさみもなくなるので試してみてくださいね。

　41ページの「あさりと豚のパッと蒸し」もわが家の定番メニューです。もう何百回も作りました。海のものと山のものを合体させるとたいていおいしいのよね。次の日は、これに焼きそばをまぜてアレンジしたり。無精な私は、一回で二度おいしいアレンジをするのが大好きです。

　75ページの「びっくりパニーニ」は息子たちが大好きで、休日の遅いブランチなんかによく作りました。パニーニメーカーがなくても、レミパン（私が監修したフライパン）や重みのあるなべをグッと押しつけるだけで簡単に作れます。

　また、今回の復刊にあたり、レシピの多くに手を加えました。一番の変化が、固形スープを使わなくなったことです。この本を作った当時は、私もよく使っていたんですが、固形スープを使うとなんだか同じような味になってしまうのよね。その分ソースやハーブ塩で、コクと塩味を出すようにアレンジしました。また、電子レンジで手間を省いたり、より簡単に作れるようにも調整。レシピ本を出しておきながら、こんなことを言うと怒られちゃうかもしれませんが、私は、「お料理はレシピどおりに作らなくてもいい」と思っています。むしろ、レシピの材料や道具がないとき、どうやって作ろうか工夫するのがおもしろいし、味だって家庭によって、年齢によって好みが違うはず。固形スープだって、使いたい人は使ってもいいと思います。みなさん好きなようにアレンジして、ぜひ作って幸せ・食べて幸せになってくださいね！

平野レミの

暮らしと家族と料理のこと

「結婚して47年、ずっと夢を見ているようだった」と語るレミさん。
その幸せな毎日の中心にはいつも、レミさんのお料理を囲む楽しい食卓がありました。

新婚〜
子育て

「家庭は一つの単位だから
　誰が何をやろうとありがとうなんて
　言うことないよ」って。

最初に食べたステーキと、結婚行進曲

　私が和田さんに最初に振る舞ったお料理はステーキです。結婚式を挙げるかわりに和田さんが「結婚行進曲」のレコードをかけてくれて、それを聴きながらステーキとワインを楽しみました。

　和田さんの辞書には「面倒くさい」という言葉がないみたい。庭の掃き掃除や洗い物、ゴミ捨てもやってくれました。幼稚園への送り迎えを和田さんがやってくれたときに、「ありがとう」と言ったら、「ありがとうなんて言うことないよ。家庭は一つの単位なんだから」って。私の「おかえり」の声が疲れていると

きは、すぐに「今日は外に食べに行こうか」なんて言ってくれました。

舌の絆 〝ベロシップ〟が大事だと思う

　食事作りは毎日のことですから、時には手を抜くことも大切です。息子が大学生のころでしょうか、夜遅くに電話で「そろそろ帰るけど、ごはんある？」って言うんです。なんにもなかったけど「あるよ」と言って、コンビニまで走っておでんを買いに行きました。それでおだしだけ「レミだれ」（詳細は6ページ）を使って作ったものに差しかえて出すんです。出来合いのものでも、なるべく私の味にしたものを出すようにしていました。

初めて会ってから約1週間で結婚を決めたという二人の、新婚旅行での貴重なショット。川下りをしたり、有田焼きを見て回ったり、九州を旅した。

息子の唱さん、率さんがまだ小さかったころに自宅で撮影された一枚。手にしているのはレミさんと和田さんの共作の器（7ページでも紹介）。

初めてのレシピ本の撮影風景。「レミさんの料理は簡単でおいしい」と評判になり、仕事につながっていった。

　今の時代はお母さんもお父さんも外で仕事をしていて、なかなかお料理の時間もとれないですよね。ここに載っているのは簡単なものばかりですから、土日だけでも家族にぜひ手料理を作ってあげてほしいと思います。その家庭の味を子どもに伝えることを、私は〝ベロシップ〟と呼んでいて、これがスキンシップと同じくらい大事だと思っているの。うちの息子二人に、私が直接お料理を教えることはほとんどなかったんですけれど、お嫁さんに聞くと、不思議と二人とも料理がすごく上手なんですって。しかも、息子二人の家のごはんの味が、私の味とまったく同じなんです。ベロシップが成功したんだな、と内心思っています。

料理を
仕事に

料理愛好家としての
きっかけをくれたのは
和田さんだったの

お料理はでたらめでいいと教えてくれた

　私が料理愛好家と名乗っているのは、和田さんが「レミは料理学校に通っているわけじゃないから〝研究家〟ではないよね、だから〝愛好家〟っていうのはどう？」と提案してくれたからなんです。私の料理に「夏でも春巻き」や「うまいねマリネ」「２人でもフォー」などおもしろい名前をつけてくれました。洒落の効いた名前は、だいたい和田さん考案です。和田さんは、私の言うことなすことすべてをおもしろがってくれました。だから私は輪をかけてでたらめな料理を作るようになったのね。お料理は美味しければ手順なんてでたらめでいい、五感で楽しむ大人の遊びなんだと教えてくれたのは、和田さんでした。

海外旅行は新しいレシピの宝庫！

　この本のレシピは旅先で食べたものがヒントになっているものが多いです。私は旅行がだーい好き。家族で旅をするときは、道が分岐したら息子二人にジャンケンをさせて「勝ったほうに進む」というルールで街を歩きます。宿も予約せず、夕方になったらタクシーから街を眺めて「ホテル探し」をするんです。私たちはこれを「でたらめ旅行」と呼んでいました。旅先では必ずスーパーに寄って、食材や調味料をチェックします。気になるものは、何十個も買って帰っちゃう！　そして帰国後、舌が忘れないうちに同じ料理を再現するんです。とはいえ当時は今のように、外国の調味料や食材は簡単に手に入りませんから、

（左）左から、レミさんが母から受け継いだ「レミだれ」・正油コージ・にんにくじょうゆ。「レミだれ」は醤油・うすくち醤油に干ししいたけ・昆布などを漬け込む。
（右）塩がわりに使っている塩こうじ。

20年前（69ページ）とほとんど変わらないキッチン。ポットやミキサーは、プラグをさしっぱなしにしておいて、すぐ使える状態に。

日本で手に入るもので代用して味を近づけるようにしました。66ページの「メキシコ春巻き」、84ページの「豚のフリカッセ」の料理等がそうして生まれたレシピです。

和田さんとの思い出が詰まったキッチン

　和田さんはひけらかすのが大嫌い。だから家には、和田さんの作品が全然ないんです。ずーっとあとになって「あれは和田さんの仕事だったんだ」と知ることも。そんな和田さんが唯一残してくれたのが、絵付けをした食器たち。どれも可愛くって、どのお皿に盛ろうか考えるだけでも楽しくなります。

（上）和田さんが絵付けをしたお皿。「魚の骨の皿にはお魚を盛ったりね」とレミさん。
（右）レミさん手作りの器に和田さんが絵付けを担当。カレーを盛ると食卓が賑やかに。

これまでの著書はなんと50冊以上。「レジェンドレシピ」と称される名物料理を数多く考案し、世代を超えて愛されている。

レミさんお気に入りのカップ＆ソーサー。和田さんが絵付けをしたもので野菜と猫が描かれている。

子どもが
巣立って〜
これからの
こと

私にとってのお料理は
子どものころのおままごとの延長。
楽しいうえにおいしいなんて、最高よ

元気なのはレミのおかげと言ってくれた

　子どもが巣立ってから、私は九州でレギュラー番組を持つことになりました。右の写真は、私が九州へ収録に行っている間の食事を和田さんがメモに残したものです。なんでもイラストで残してくれるの。絵の下のほうに描かれている「青」は青汁のこと。夫の健康が心配で、毎日飲んでもらっていました。私は青汁やアマニ油を飲むことを、「おきよめ」と呼んでいます。「ほらお父さん、おきよめの時間よ〜！」って言ってね。和田さんが高血圧と診断されてしまったときは、材料の重さをすべてはかって、一生懸命カロリー計算をして、そしたらみごと血圧が戻ったんです。お友達に「誠ちゃんは元気ね」と言われたとき、和田さんは「レミのおかげだよ」と言ってくれました。

　そして2019年、和田さんがいなくなってしまいました。結婚して47年、ずっと夢を見ていたよう。お葬式はみんなでジーンズをはいて見送りました。葬儀に遅れてきた人も、その格好からすぐに「こちらです」って案内されたんですって。おかしいわよね。悲しかったけれど、笑顔も溢れるいい式だったと思い

■朝、たいてい玄関にあったという置き手紙

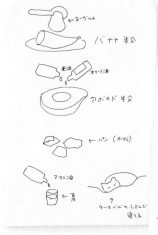

和田さんがレミさんに残したメモ。朝食の内容やその日の予定が、可愛らしいイラストで描かれている。これらを大切に保管していたレミさんは「メモがあることで、まだ和田さんが生きている気がするの」。朝寝坊をした日も、やさしいメモを残してくれていた。

魚へんの漢字を二人で勉強したときのメモ。「和田さんは博識で、いろいろなことを教えてくれた」。

（左上）いちばん長い時間を過ごすキッチンの壁は、家族の思い出の写真や和田さんの作品で賑やかに。（左下）誕生日に孫から贈られた手紙の数々。「ここに貼られたくて、次々書いてくるのよ〜」とレミさん。レミさんは孫から「たーたん」と呼ばれているそう。（右）「和田家の夏休み」と称して和田家一同でバスツアーをしたときの写真。唱さんや率さんのほかに、上野樹里さんや和田明日香さんの楽しそうな姿も。ちなみにひとりだけ事務所の人（笑）。

ます。和田さんにはお仏壇は似合わないの。だから、リビングのよく日の当たるところに、写真とお花と、谷川俊太郎さんが夫のことを書いてくださった直筆の詩が飾ってあります。

お料理は、五感で楽しむ大人の遊び

　お料理が好きになったのは、子どものころのある体験がきっかけです。庭に家庭菜園があったんですが、蝉も鳴きやむぐらいの真夏の真っ盛り、しーんとした畑に入って、トマトをもぎって、スカートでぐしゃぐしゃってふいて、そのままかじったの。これがおいしくておいしくてね。何か作ろうと思って、家にうどんとチーズとピーマンがあったから「トマトとうどんのグラタン」を作ったんです。一つ一つのものが集まると、こんなにおいしいものができるのかと目覚めちゃいました。たった３つの食材でも、調理をすると５にも100にも1000にもなっちゃうのがお料理の算数。私にとってお料理は、今でも「おままごと」の延長です。和田さんもそういう考えの人で、二人でトマトジュースに牛乳をまぜて「なんちゃってビシソワーズ」を作ったこともありました。お料理は五感で楽しませてくれるもの。こんな幸せなことはないと思います。これからも、自分や周りの人が楽しく幸せになるために、ずっと料理を作り続けます。

10ページからは1999年刊行当時のままの料理やエッセイを掲載します。レシピに関しては、さらに作りやすくなるよう材料や手順を見直し、今の平野レミさんのやり方でご紹介しています。和田誠さんのイラストとデザインで、たっぷりとお楽しみください。

巻き巻き＆コロコロメニュー

いちばんくつろげる場所、キッチン……69

おいしさ保証つきのごはんもの

ごはんが進む！和風のおかず

パーティーをおいしく

クリスマスのごちそう

自慢のたれで焼き肉パーティー

カンタンおすしでおもてなし

パッとできてめでたいお正月料理

とっておきデザート

ようこそ 私のキッチンへ

毎日の食事は、子どもにとっては身体をつくるモト、大人にとっては働くパワーのモト。だからとても大切。でもそれ以上に、おいしく食事をするのって最高に幸せなことだと思います。

　おいしいものを食べると、誰でもうれしくなって、自然に笑顔になります。そばにおいしく食べてくれる人がいればもっと幸せです。だから、がんばって料理します。

　でも毎日毎日、三度三度のことですから、食事の支度ってとっても大変です。私はやっと子どものお弁当から解放されましたが、早起きしてお弁当を作る日々が19年つづきました。2人の子どもの分を一度に作れる日はまだいいのですが、1人が運動部で暗いうちから出かけるという日は手間がよけいにかかっていました。だから朝起きが弱い私にとっては、今が天国のように思えます。

　夫は眠くても朝ごはんは子どもたちと一緒に、と心がけているようですけど、前の日に酔っぱらって深夜に帰ったときなんかは、やっぱり起きられなくて、息子と夫、二度の朝食を作らなくてはならないこともあります。

　子どもが大きくなってお弁当はいらなくなったんだけど、今度はそれぞれの生活があって、時間帯がばらばら。晩ごはんの支度を何度もしなければならない日もあります。

　それにメニュー。まだ育っている息子たちと、成人病（今は生活習慣病というんだそうですね）の心配をひかえている夫と、同じカロリーのものじゃいけないでしょ。家族がそろってもレシピを変えたりします。

　そんなわけで、食事の支度は三度三度じゃなくて、三度四度だったり、五度六度になることもあります。それを毎回めいっぱいがんばっていたら、くたびれちゃって、お料理するのがつらくなって、キッチンの雰囲気が楽しくなくなりますよね。

　だから、手抜きもします。手抜きといっても手抜きに見えないように、ね。おいしいものを求めて遠くに買い出しに行くとか、下ごしらえに何時間もかかるとか、何時間も煮込むとか、オーブンにつきっきりとか、そういうことはしないで、でも手間をかけたのと変わらない味になるように工夫するんです。

　この本に出てくるレシピは、面倒くさいものはありません。手間をかけずにおいしく作れるものばかりです。

　私はシェフじゃなくシュフですから、作る人でもあり、食べる人でもあります。手間をかけるのはレストランにまかせて、同じ食卓でみんなといっしょに笑って食べたいと思っています。

　食卓を笑顔で囲む家庭は平和ですよね。みんなの家庭がそうなら町は平和だし、そうなれば、うん、世界だって平和になっちゃう。

　もちろん、現実はそんなに簡単じゃないけれど、自分のキッチンが世界に幸せと平和を発信してるんだーッ!!と思ったら、とっても楽しくてワクワクしてきちゃいますよねー。

野菜たっぷり 元気おかず

私は野菜のことを「葉っぱ」って言います。子どものときからそう言ってました。

夫にも子どもにも「葉っぱ食べて」といつも言ってます。夫が外で食事するというときは、「行ってらっしゃい」のかわりに「葉っぱよ～、葉っぱよ～」と玄関で大声で言うから、近所の人は何だろうと思うかもしれないけれど、これは「外食だと野菜が足りなくなりがちだから、意識して野菜を食べてよ。肉ばっかり食べてちゃだめよ」という意味です。

肉だけ食べてると、血がドロドロになっちゃう感じでしょ。野菜をたくさん食べると、その血がサラサラ流れる気がするの。これは気分だけじゃなくて、科学的にもそうみたいですね。

家族に野菜をたくさん食べさせるには、おいしく作る工夫をしないとね。サラダにする、煮る、いためる、というバラエティーも考えながら。それから、急に食事の支度をするときでも、いつでも葉っぱがあるように、野菜の買いおきも考えています。

あじと野菜のピーラーサラダ

新鮮なあじと野菜がたっぷり。
ごま風味の中華だれでどうぞ。

材料（4人分）

あじ（刺し身用）	2尾分
大根	⅙本(100g)
にんじん	¼本(50g)
きゅうり	1本
みょうが	2個
青じそ	10枚

A
ポン酢しょうゆ	大さじ2
いり白ごま	大さじ3
ごま油	小さじ1
砂糖	小さじ1～
しょうが汁	小さじ½

作り方

❶あじは細切りにして、ポン酢しょうゆ少々（分量外）をまぶす。Aのごまは包丁で切って香りを出し、残りのAとまぜる。

❷大根、にんじん、きゅうりは皮をむき、ピーラーで長さ10cmのひらひらのリボン状にする。みょうがは縦半分に切ってから薄切りに、青じそは重ねて1cm幅に切る。野菜はすべて氷水につけてパリッとさせ、ペーパータオルで水けをよくふきとる。

❸あじと野菜を盛り合わせて冷蔵室で冷やし、Aを食べる直前にもう一度まぜてかける。

大根、にんじんは幅1.5cm、長さ10cmほどに切ってからひらひらに。こうすると幅がそろってきれいに仕上がる。

まるごと玉ねぎスープ

コトコト煮込んだ玉ねぎは、とろけるほどのやわらかさ。
時間がおいしくしてくれる。パンにもごはんにも合います。

材料(4人分)

玉ねぎ ································· 4個
ベーコン ······················ 4枚(70g)
にんにくの薄切り ········· 3かけ分(20g)
にんじん ··························· 小1本
じゃがいも ····························· 1個
セロリ ······························· ⅓本
A ┤ 鶏ガラスープ ················ 6カップ

A ┤ ミニトマト ···················· 12個
　　 タイム(生) ··················· 10本
ハーブ塩 ························· 大さじ1
こしょう ····························· 少々
オリーブオイル ·············· 大さじ2

作り方

❶にんじん、じゃがいもは皮つきのままセロリとともに1cm角に切る。ベーコンも同様に

切る。

❷なべにオリーブオイルを熱し、にんにく、ベーコンをいためる。香りが出たら①の野菜を加えていためる。油が回ったら玉ねぎとAを加えて、沸騰したら蓋をし、弱めの中火にして30分煮る。ハーブ塩、こしょうで味をととのえる。好みでタイムを散らしても。

野菜畑のひき肉ソース

ピリ辛ひき肉ソースで
野菜をいっぱい食べましょう。

材料（4人分）

スナップえんどう ························ 150g
キャベツ ································· 500g
豚ひき肉 ································· 250g
A ┌ しょうがのみじん切り ······· 小さじ1
  │ にんにくのみじん切り ········ 大さじ2
  └ ねぎのみじん切り ··········· 大さじ3
B ┌ 砂糖、かたくり粉、オイスターソース
  │ ······························ 各大さじ½
  │ しょうゆ、酒 ·············· 各大さじ1
  │ コチュジャン ··············· 大さじ3
  └ 鶏ガラスープ ·············· 1カップ
サラダ油 ································· 大さじ1

作り方

❶スナップえんどうはへたと筋をとり、塩ゆ
でにする。キャベツは食べやすい大きさにち
ぎり、塩ゆでにして水けをしっかりきる。

❷フライパンにサラダ油を熱してAをじっく
りいため、豚ひき肉を加えて色が変わるまで
さらにいためる。

❸Bを合わせてよくとかし、②に加えまぜ、
とろみがつくまで煮る。

❹器に①の野菜を盛り、③をかける。

●ひき肉ソースは、揚げなす、揚げどうふ、
あったかごはんにかけてもおいしい。好みで
ひき肉とともに豆板醤適量を加えても。

牛肉とアスパラのオイスターソースいため

さっといためて、アスパラガスのおいしさとシャキシャキ感を生かしましょう。

材料（4人分）

牛もも薄切り肉 ……………………………… 180g

A ｛ 紹興酒(または酒) ……………… 大さじ1
オイスターソース、ごま油、かたくり粉
……………………………… 各小さじ1

グリーンアスパラガス ……………………… 5本

赤パプリカ …………………………………… 少々

B ｛ オイスターソース、ごま油、しょうゆ、
砂糖 ……………………………… 各小さじ1

C ｛ かたくり粉 ……………………… 小さじ½
水 ………………………………… 大さじ1

ごま油 ………………………………… 小さじ1

作り方

❶牛肉は1cm幅に切り、Aをからめて下味をつける。アスパラは根元のかたい部分を落として斜め切り、パプリカは細切りにする。Bはまぜる。

❷なべに湯を沸かしてアスパラをかたゆでにし、ざるに上げる。

❸フライパンにごま油を熱し、牛肉、アスパラ、パプリカの順に加えていためる。Bを加えて味がなじんだらCの水どきかたくり粉でとろみをつける。

大根とかにの揚げワンタン添え

カリカリワンタンとトロトロ大根が、
口の中で素敵にハーモニー。

材料（4人分）

大根 …………………………………………… 10cm

大根の葉（あれば） ………………………… 少々

かに（むき身） …………………………… 200g

ねぎの青い部分 …………………………… 1本分

しょうがの薄切り ………………………… 2〜3枚

鶏ガラスープ …………………………… 2½カップ

卵白 ………………………………………… 3個分

ワンタンの皮 ……………………………… 10枚

酒 …………………………………………… 小さじ2

塩、こしょう …………………………… 各適量

かたくり粉、サラダ油 ………… 各大さじ2

ごま油 ………………………………………… 少々

揚げ油 ………………………………………… 適量

作り方

❶大根は3cm長さの短冊切りに、大根の葉は3cm長さに切る。ともにさっと下ゆでしてざるに上げる。かにの身はほぐす。ねぎはざく切りにし、卵白はときほぐす。

❷なべにサラダ油を熱してねぎ、しょうがをいため、香りが出たら、かに、大根、鶏ガラスープを加えて、大根がやわらかくなるまで煮る。

❸ワンタンの皮は細切りにして、揚げ油でさっと揚げて油をきる。

❹②のねぎとしょうがをとり出し、大根の葉を加えて酒、塩、こしょうで味つけをする。かたくり粉を倍量の水でといて加え、とろみがついたら卵白を加えてまぜる。ごま油をたらして火を止め、器に盛って③をのせる。

ヘルシー野菜と とうふのサラダ

カリッとしたピーナッツの
口当たりがアクセント。

材料（2〜4人分）

なす ……………………… 2個（150g）
木綿とうふ ……………… 1丁（350g）
みょうが ………………………… 2個
パプリカ（赤）………………… 適量
青じそ …………………………… 10枚
アルファルファ（またはスプラウト）
……………………………… ½パック
くだいたピーナッツ …………… ¼カップ
A ┌ しょうゆ、水 ……… 各大さじ1
　│ 砂糖 ……………… 小さじ2
　│ にんにくのすりおろし、豆板醬（トウバンジャン）
　│ ………………… 各小さじ⅓
　│ 酢 ……………… 小さじ½
　└ ねりごま ……… 大さじ1½
揚げ油 …………………………… 適量

作り方

❶ なすは薄めの半月切りにし、塩小さじ½
（分量外）をまぜて10分おき、水けをぎゅっ
としぼる。

❷ とうふは水きりして角切りにする。みょ
うがは薄切りに、パプリカと青じそは細切
りにしてアルファルファとともに洗って水
けをよくきる。

❸ 器に①と②を盛り合わせ、ピーナッツを
散らす。Aはねりごまとしょうゆをよくま
ぜてから残りの材料も加えてまぜ、食べる
直前にかける。

若竹グラタン

春の定番、わかめとたけのこを洋風にアレン
ジしました。ごはんを敷いてドリアにしても。

材料（4人分）

ゆでたけのこ …………………… 150g
生わかめ ………………………… 40g
鶏もも肉 ………………………… 100g
ねぎ ……………………………… 50g
A ┌ ホワイトソース缶詰 …… 1缶（290g）
　│ 牛乳 ……………………… ½カップ
　└ オイスターソース ……… 小さじ⅓
ピザ用チーズ …………………… 適量
バター …………………………… 20g

作り方

❶ たけのこは一口大の薄切り、わかめはざ
く切りにする。鶏肉は1.5cm角に切る。ねぎ
は小口切りにする。

❷ フライパンにバターを熱してねぎをいた
め、しんなりしたらたけのこ、わかめ、鶏
肉を加えていためる。Aを加えてとろみが

つくまで煮る。

❸ グラタン皿に②を入れ、チーズを散らし、
オーブントースターで焼き色がつくまで焼
く。あれば木の芽を散らす。

にんじんとかぼちゃのカロチンサラダ

香ばしいごまだれで、
カロテンをどっさりとりましょう。

材料（4人分）

にんじん	¼本
かぼちゃ	⅛個（250g）
豚薄切り肉	150g
リーフレタス	適量

A		
	紹興酒（または酒）	大さじ1½
	しょうゆ	大さじ1
	砂糖	小さじ½強
	しょうが汁	少々
	酢	少々
	かたくり粉	大さじ2½

B		
	すり白ごま	大さじ4
	薄口しょうゆ、酢	各小さじ2
	砂糖	小さじ1
	サラダ油	大さじ2強

揚げ油	適量

作り方

❶かぼちゃは皮つきのまま、にんじんとともにスライサーで細切りにする。熱湯にさっとくぐらせて水けをきる。

❷豚肉にまぜたAをからめて下味をつける。揚げ油に広げながら入れてこんがりと揚げ、油をきって3cm幅に切る。

❸ボウルにBをまぜ、①、②を加えてさっとあえる。リーフレタスを敷いて器に盛る。

オニオンとはるさめのさっぱりサラダ

ライムの酸味をきかせたピリッと辛いたれが決め手よ。冷やすとおいしさがアップします。

材料（2人分）

はるさめ（乾燥）	40g
いか	1ぱい
紫玉ねぎ	¼個
きゅうり	½本
赤ピーマン	少々

A		
	ナムプラー	大さじ1
	赤とうがらしの小口切り	小さじ½
	ライムのしぼり汁（レモン汁でも）	大さじ1弱
	砂糖	小さじ1

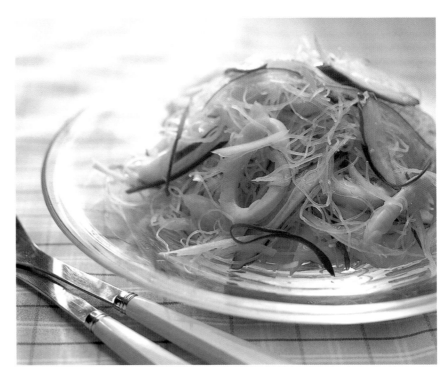

作り方

❶はるさめは熱湯につけてもどし、水けをきってざく切りにする。いかは内臓と足、皮を除いて輪切りにする。紫玉ねぎは薄切りにして水にさらし、水けをきる。きゅうりは縦半分に切ってから斜め薄切りにする。赤ピーマンはせん切りにする。

❷なべに水大さじ2といかを入れて火にかけ、沸いたら火を止める。Aを加えてまぜ、野菜とはるさめも加えてさっとあえ、冷蔵室で冷やして味をなじませる。

どっさり野菜と
あじのマリネ

素揚げにした野菜たちは熱々のうちに
たれに漬けると味がよくしみますよ。

材料（2～3人分）

あじ（3枚におろしたもの）………… 2尾分
かぼちゃ ………………………………… 100g
小なす ……………………………………… 6個
オクラ ……………………………………… 6本
ししとうがらし …………………………… 6個
赤ピーマン ………………………… 小4個
玉ねぎの薄切り ………………… ½個分
A [かつおだし …………………… ½カップ
塩 ……………………………………… 少々
しょうゆ、砂糖、酢 ……… 各大さじ4
ゆずこしょう …………………… 小さじ¼
かたくり粉 ………………………………… 適量
揚げ油 ……………………………………… 適量

作り方

❶たれを作る。耐熱ボウルにAを入れ、ふんわりとラップをかけ、500Wの電子レンジで1分強加熱し、砂糖をとかす。とり出して玉ねぎとゆずこしょうを加えてまぜる。

❷かぼちゃは5mm厚さのくし形切りにする。小なすは余分ながくをとって、縦に切り目を入れる。オクラはがくをとる。ししとうはつまようじで穴をあけ、赤ピーマンはへたをくりぬいて種をとる。

❸順に素揚げにし、熱いうちにたれにつける。

❹あじは1枚を3等分に切ってかたくり粉を薄くまぶして揚げ、油をきって③に加え、味をなじませる。好みで赤とうがらしを加えても。

さっと煮野菜の えびせん添え ▶

完熟トマトと夏野菜で、おいしさ全開です。

材料（4人分）

完熟トマト	3個(500g)
玉ねぎ	1個(200g)
赤パプリカ	½個
セロリ	小1本(100g)
なす	2個(160g)
バジルの葉	2枚分
にんにくのみじん切り	大さじ1
赤とうがらし	1本
A ┌ ハーブ塩	大さじ½～
├ はちみつ	小さじ1
└ こしょう	少々
オリーブオイル	大さじ3
えびせん	適量
揚げ油	適量

作り方

❶トマトは皮をむいて乱切り、玉ねぎとパプリカは1cm幅、セロリは斜め薄切り、なすは乱切りにする。とうがらしは種を除く。

❷なべにオリーブオイル、にんにく、赤とうがらしを入れて火にかけ、香りが出たら玉ねぎ、セロリ、なす、パプリカの順に加えてじっくりといためる。全体に火が通ったらトマト、バジルの葉を加え、蓋をせずに10分煮る。Aを加えまぜたら火を止め、あら熱をとって冷やす。

❸えびせんを油で揚げ、油をきって②とともに器に盛る。好みでミントやバジルを添えても。

揚げるとフワッとふくらんで、サクッと軽い口当たりのえびせん。中華材料コーナーで手に入る。

いろいろ葉っぱの刺し身サラダ

香菜好きにはあと引きの一品です。
フレッシュな野菜を思いっ切り食べられます。

材料（4人分）
いろいろ葉っぱ‥‥‥‥ボウル1杯分（約300ｇ）
玉ねぎ‥‥‥‥‥‥‥‥‥‥‥‥‥‥½個
鯛（刺し身用）‥‥‥‥‥‥1さく（約150ｇ）
松の実‥‥‥‥‥‥‥‥‥‥‥‥大さじ2

A
{
香菜のみじん切り‥大さじ4（約30ｇ）
サラダ油、しょうゆ‥‥‥‥各大さじ2
レモン汁‥‥‥‥‥‥‥‥大さじ1〜
砂糖‥‥‥‥‥‥‥‥‥‥小さじ½
こしょう‥‥‥‥‥‥‥‥‥‥少々
}

●いろいろ葉っぱは、サニーレタスやチコリ、エンダイブなど、なんでもいい。

作り方
❶いろいろ葉っぱはそれぞれ食べやすくちぎり、水に放してパリッとさせ、水けをよくきる。玉ねぎは薄切りにして水にさらし、水けをきる。鯛は細切りにする。
❷松の実はフライパンでほんのり焼き色がつくまでからいりする。
❸器に①を広げて盛り、②を散らす。Aをまぜ合わせてドレッシングを作り、かける。

◀

たらふくいんげん

素揚げにしたいんげんを、和、洋2種類のたれで召し上がれ。
揚げたてをたれに入れると味がしみ込みます。

材料（4人分）
いんげん‥‥‥‥‥‥‥‥‥‥‥2袋

A
{
玉ねぎのみじん切り‥‥‥‥大さじ8
サラダ油‥‥‥‥‥‥‥‥‥大さじ3
レモン汁‥‥‥‥‥‥‥‥‥大さじ1
砂糖‥‥‥‥‥‥‥‥‥‥‥小さじ1
塩、あらびき黒こしょう‥‥‥‥各少々
}

B
{
しょうゆ‥‥‥‥‥‥‥‥‥‥適量
しょうがのすりおろし‥‥‥‥‥適量
}

揚げ油‥‥‥‥‥‥‥‥‥‥‥‥適量

作り方
❶ボウルにAの材料を入れてよくまぜ合わせる。別のボウルにBを入れ、合わせておく。
❷いんげんはへたの部分を切り落とし、揚げ油で素揚げにする。油をきって、熱いうちに半量をAに、半量をBにそれぞれつける。しばらくおいて、味がしみたらいただく。

マーボーなす

おいしいなすのいため物。
ごはんが進みます。

材料（4人分）

なす	6個（450g）
豚ひき肉	200g

A
しょうがのみじん切り、にんにくのみじん切り	各大さじ1
ねぎのみじん切り	100g
豆板醤	小さじ1

B
紹興酒（または酒）、オイスターソース	各大さじ1
砂糖	大さじ½
しょうゆ	小さじ2
鶏ガラスープ	1カップ

かたくり粉	大さじ1
粉ざんしょう	少々
サラダ油	大さじ5
ごま油	適量

作り方

❶なすは縦に6〜8つに切る。

❷フライパンにサラダ油大さじ4を熱してなすをいため、しんなりしたらペーパータオルにとって油をきる。

❸同じフライパンにサラダ油大さじ1を足し、Aをいためる。香りが出たらひき肉を加えていため、色が変わったらBを加えてひとまぜし、②のなすを加える。なじんだらかたくり粉を同量の水でといて加え、とろみをつける。仕上げにごま油をたらし、粉ざんしょうを振る。あれば香菜を散らしても。

冷たいなすのスープ

とろ〜りクリーミーな口当たりの秘密は
長いも！ 冷たく冷やしてどうぞ。

材料（4人分）

なす	5個（350g）
長いも	150g
玉ねぎ	100g
にんにくの薄切り	1かけ分
鶏ガラスープ	1カップ

A
牛乳	150ml
クミンパウダー、ハーブ塩	各大さじ½

バター	30g
オクラの小口切り	少々

作り方

❶なすは皮をむいて薄切りにし、酢水（分量外）にさらして水けをきる。玉ねぎ、長いももそれぞれ薄切りにする。

❷なべにバターを熱し、にんにく、玉ねぎ、なすの順に加えて、そのつどしっかりいためる。長いも、鶏ガラスープを加え、長いもがやわらかくなるまで煮てあら熱をとる。

❸ミキサーにかけてボウルに移す。Aを加えてまぜ、冷蔵室で冷やす。器に盛り、オクラと氷を浮かべる。

●残ったなすの皮は、ごま油でいためてナムプラー少々で味つけするとよい箸休めに。

ズッキーニの タイム焼き

やわらかくてくせがない。
ワインが進むおいしさです。

材料（2人分）

ズッキーニ	1本
タイム（生）	適量
A ベーコンのみじん切り	大1枚（約16g）
玉ねぎのみじん切り	大さじ4
にんにくのみじん切り	小さじ½
アンチョビーのみじん切り	2枚（5g）
マヨネーズ	適量
サラダ油	小さじ1

作り方

❶ズッキーニはふんわりとラップで包み、500Wの電子レンジで1分30秒加熱する。縦半分に切り、スプーンで中を少しくりぬく。

❷フライパンにサラダ油を熱し、Aと①のくりぬいたものをいため合わせる。

❸ズッキーニに②を詰め、マヨネーズをしぼり、タイムを散らしてオーブントースターで香ばしく焼く。

カリフラワープディング

クリーミーな味で子どもにも喜ばれます。

材料（4人分）

カリフラワー	1個（正味400g）
ベーコン	3〜4枚（40g）
ホワイトソース缶詰	½缶（145g）
牛乳	1カップ
とき卵	3個分
粉チーズ	大さじ2
塩	適量
こしょう、ナツメグ	各少々
バター	適量

作り方

❶カリフラワーは小房に分け、塩少々を加えた熱湯で約1分かためにゆでる。仕上げ用に2〜3房残し、ベーコンとともにフードプロセッサーでつぶ感が残る程度にかくはんする。

❷ボウルに入れ、ホワイトソースと牛乳、とき卵、粉チーズを加えてよくまぜる。塩小さじ½、こしょう、ナツメグも加えてまぜる。

❸耐熱皿にバターを塗って流し入れ、500Wの電子レンジで4分加熱する。仕上げ用のカリフラワーを半分に切ってのせ、オーブントースターで4〜5分焼く。

豚肉はみんなと仲よし

豚肉はとっても便利。どんな素材とも仲よくしてくれて、おいしいおかずになります。和風でも、中華風でも合います。いためてもいいし、揚げてもいいし、煮ても、ゆでても、焼いてもいいでしょ。

どこの肉か、部位によって変化もあります。もも肉のさっぱり味、脂の乗ったバラ肉、その中間の肩ロース、上品なヒレ肉、コクのあるスペアリブ。

それに、かたまり肉、ブツ切り、薄切り、ひき肉と、使い方のバラエティーもさまざまです。特に薄切り肉とひき肉は便利。私の冷凍庫にはいつも両方入っていて、とり出して解凍して、すぐ使えるようにしています。

薄切りはしょうが焼き、キャベツといっしょにいためる、白菜といっしょに蒸す、アスパラやいんげんに巻きつけて揚げる、などなどいろんな使い方があるし、ひき肉はオムレツに入れたり、チャーハンにしたり、肉だんごにしたり、ギョーザにしたり、これまたいろいろ活躍します。

ただし、豚肉には独特のくさみがあるので、それがいやだと言う人もいます。酒、スパイス、ハーブをきかせてくさみを抜くのも、ポイントのひとつです。

豚かぶ あったかスープ

ほんのりカレー風味の
とろーんとしたスープです。

材料（4人分）

豚バラ薄切り肉	250g
かぶ	4個(400g)
玉ねぎ	1個(200g)
にんにくのみじん切り	大さじ1
A ┌ オイスターソース	大さじ½
├ ローリエ	1枚
└ 水	5カップ
カレー粉	小さじ½
ハーブ塩	大さじ½
かたくり粉	小さじ1
サラダ油	大さじ2

作り方

❶豚肉は一口大に切る。かぶは皮つきのまま食べやすく切る。かぶの茎と葉は適量をざく切りにする。玉ねぎは薄切りにする。

❷なべにサラダ油とにんにく、玉ねぎを入れていため、しんなりしたら豚肉、かぶを加えてひとまぜし、Aも加えて煮る。

❸かぶがやわらかくなったらカレー粉、ハーブ塩で味をととのえ、かたくり粉を同量の水でといて加え、とろみをつける。①のかぶの茎と葉を加えて火を止め、余熱でかぶの葉がくったりしたらでき上がり。好みで粉チーズや黒こしょうを振っても。

スペアリブと新じゃがのまんぷく煮

じっくり煮込んだこっくり味で、だからごはんがいくらでも食べられちゃう。冷めてもおいしい。

材料（4人分）

スペアリブ ………………………………	500g
塩、こしょう ………………………………	各少々
新じゃがいも ……………	8～10個(300g)
ねぎの青い部分 …………………………	1本分
A しょうゆ ……………………………	大さじ4
砂糖 …………………………………	大さじ2
紹興酒、みりん …………………	各大さじ3
サラダ油 …………………………………	少々

作り方

❶スペアリブは塩、こしょうを振ってもむ。新じゃがは皮つきのままよく洗う。

❷なべにサラダ油を熱してスペアリブを入れ、焼きつけながら脂を出す。湯適量を加え、肉の脂ごといったん湯を捨てる。水をひたひたにして火にかけてねぎを加え、25分ほど煮る。

❸肉がやわらかくなったら新じゃがを加え、水1.5カップを足す。沸いてきたらAを加えて落とし蓋をし、汁けが少なくなるまで煮る。

❹器に盛り、好みであさつきのざく切りをのせる。

スペアリブは、ねぎの青い部分と一緒に煮るとくさみがとれる。

ハーブとんかつ

セージのかわりにローズマリーやタイムでも。
お好きなハーブを使ってね。

材料（4人分）

豚ロース薄切り肉 ‥‥‥‥‥‥‥‥‥‥ 8枚

A ┃ ハーブ塩、こしょう ‥‥‥‥‥ 各少々
　 ┃ 小麦粉 ‥‥‥‥‥‥‥‥‥‥ 大さじ2

とき卵 ‥‥‥‥‥‥‥‥‥‥‥‥‥ 1個分

B ┃ パン粉 ‥‥‥‥‥‥‥‥‥ 1カップ強
　 ┃ セージのみじん切り ‥‥‥‥ 大さじ4
　 ┃ 粉チーズ ‥‥‥‥‥‥‥‥‥ 大さじ2

サワークリーム ‥‥‥‥‥‥‥‥‥ 適量
オリーブオイル（またはサラダ油）‥‥ 適量

作り方

❶ A と B はそれぞれ容器にまぜる。

❷ 豚肉の両面に A を振って、とき卵をつけ、B をまぶしつける。フライパンにオリーブオイルを 1 ㎝高さに熱し、カリッと揚げる。油をきって器に盛り、サワークリームを添え、あればオリーブやセージの葉を飾る。好みでレモン汁をかけても。

豚肉とキャベツの酒粕ソースいため

酒粕と豆板醬のおいしいソースを考えました。
野菜いためや煮物にも応用できます。

材料（2人分）

豚バラ薄切り肉 ······························ 200g
キャベツ ································· 大3枚

A {
酒粕 ······························· 大さじ1½
にんにくのみじん切り ········ 大さじ1
サラダ油 ······················· 大さじ½
豆板醬 ···························· 大さじ½
しょうゆ ························· 大さじ1強
砂糖 ······························· 大さじ1弱
}

サラダ油 ······························· 大さじ2

作り方

❶キャベツ、豚肉は一口大に切る。

❷酒粕ソースを作る。小なべにAの酒粕を
入れ、水½カップを少しずつ加えながら泡
立て器でよくまぜる。なめらかになったら、
残りのAの材料も加えて火にかけてまぜ、
砂糖をよくとかす。

❸フライパンにサラダ油を熱し、豚肉、キ
ャベツの順によくいため、②を加えてまぜる。

●ソースは泡立て器でまぜ、酒粕をよーく
とかすのがポイント。

ポテトを着た豚フライ

ポテトを着ているので、味がまろやかです。

材料（4人分）

豚ロースとんかつ用肉（薄めのもの）‥4枚
塩、こしょう ……………………… 各少々
アンチョビペースト ……………… 小さじ2
ローズマリーの葉（刻む）………… 大さじ1
じゃがいも ……………………………… 2個
とき卵 ……………………………… 1個分
小麦粉 ……………………………… 大さじ3
りんご ……………………………………… 適量
チコリ ……………………………………… 適量
フレンチドレッシング（市販品）……… 適量
揚げ油 ……………………………………… 適量

作り方

❶豚肉は切り込みを入れて筋を切り、塩、こしょうを振る。アンチョビペーストを等分に塗り、ローズマリーを散らす。

❷じゃがいもは細めの棒状に切って、水にさらさずに小麦粉適量（分量外）をまぶす。

❸①の豚肉に、小麦粉、とき卵、②の順に衣をつけ、熱した揚げ油でカリッと揚げて油をきる。

❹りんごは薄めのいちょう切りに、チコリはざく切りにして、ともにフレンチドレッシングであえる。③とともに皿に盛り、あればローズマリーを添える。

小麦粉をつけ、とき卵にくぐらせた豚肉に、じゃがいもをまぶしつける。手のひらでしっかり押さえてなじませるとはがれない。

豚の
マスタードソース

コクのあるソースをからめて仕上げます。
鶏肉でもおいしくできます。

材料（4人分）

豚肩ロース薄切り肉	400g
塩、こしょう	各少々
マッシュルーム	150g
バター	大さじ1
にんにくのみじん切り	小さじ1
A｛白ワイン	大さじ2
生クリーム	1カップ
水	½カップ
オイスターソース	小さじ½
粒マスタード	大さじ1〜2
サラダ油	少々
キャベツ	2枚
グリーンアスパラガス	4本

作り方

❶ソースを作る。マッシュルームは薄切りにする。フライパンにバターを熱し、にんにく、マッシュルームをいためる。しんなりしたらAを順に加え、とろっとしたら火を止め、粒マスタードを加える。

❷豚肉に塩、こしょうを振る。フライパンにサラダ油を熱し、豚肉を両面焼いて皿に盛る。

❸キャベツとアスパラは塩ゆでにして食べやすく切り、②に添える。①のソースをさっとあたためて肉にかける。

波カツ

串を刺したら波打つカツになりました。味は並ではありませ～ん。

材料（4人分）

豚バラ薄切り肉 ···················· 200g
キャベツ ·························· 5枚
A ┌ 塩、こしょう ················ 各少々
  │ 和がらし ················· 大さじ½
  └ マヨネーズ ················ 大さじ4
小麦粉 ··························· 1カップ
とき卵 ··························· 1個分
パン粉 ··························· 1カップ
紫キャベツ ························· 適量
パプリカ（赤・黄）··················· 適量
オリーブオイル ····················· 適量
塩、こしょう ···················· 各少々
揚げ油 ···························· 適量

作り方

❶キャベツはさっとゆで、豚肉の大きさに合わせて切る。Aはまぜる。

❷豚肉にAを薄く塗り、キャベツをのせ、さらに肉を重ねる。波を打たせながら串を刺し、小麦粉、とき卵、パン粉の順に衣をつけ、熱した揚げ油でカリッと揚げて油をきる。

❸紫キャベツはせん切りにする。パプリカは細切りにして、オリーブオイルでさっといため、塩、こしょうを振る。

❹②を皿に盛り、③を添える。カツにはお好みでとんかつソースをかけても。

豚肉にマヨネーズ入りのAのソースを塗って、キャベツをはさむ。

波を打たせながら串に刺して厚みを出し、衣をつけてカリッと揚げる。

かぼちゃのカレー煮

ヨーグルトソースが味を引き締めます。

材料（2～3人分）

かぼちゃ ･････････････････････ 300g
A ┌ 酒、砂糖 ････････････ 各大さじ1
  │ しょうゆ ･･･････････････ 大さじ½
  │ カレー粉 ･･･････････････ 小さじ2
  │ 塩 ･･･････････････････････ 少々
  └ 水 ･････････････････････ 1カップ
バター ･･･････････････････････ 大さじ1
B ┌ プレーンヨーグルト ･････ ½カップ
  │ レモン汁 ･････････････ 小さじ1～2
  └ 砂糖 ･････････････････ 小さじ2

作り方

❶かぼちゃは食べやすく切る。なべにAを入れてまぜてからかぼちゃの皮目を下にして並べ入れ、落とし蓋をしてやわらかくなるまで煮る。

❷汁けが少し残るくらいになったら、バターをからめる。器に盛り、Bを合わせてかける。

ひんやり豚のとろとろソース

とろりと粘りのあるたれが
食欲をそそります。

材料（2人分）

豚ロースしゃぶしゃぶ用 ･････････ 100g
かたくり粉 ･････････････････････ 適量
オクラ ･･････････････････････････ 5本
長いも ･････････････････････････ 100g
ねりわさび ･･･････････････････ 小さじ1
ポン酢しょうゆ ･････････････････ 適量

作り方

❶豚肉は一口大に切って、かたくり粉を薄くまぶす。なべに湯を沸かし、強めの塩（分量外）でオクラをさっとゆでてとり出す。続けて豚肉を1枚ずつゆで、氷水にとって、水けをきる。

❷オクラ、長いも、わさび、塩小さじ¼（分量外）をフードプロセッサーにかけてなめらかにする。

❸器に豚肉を盛り、②をのせてポン酢しょうゆをかける。

山椒風味の豚・シャキシャキレタスのせ

豚と花椒の名コンビをご紹介。

材料（4人分）

豚ロース薄切り肉 ‥‥‥‥‥‥‥‥‥‥ 300g
A { しょうゆ、酒 ‥‥‥‥‥‥‥‥‥ 大さじ2
　　かたくり粉 ‥‥‥‥‥‥‥‥‥‥ 小さじ2
レタス ‥‥‥‥‥‥‥‥‥‥‥‥‥‥ 小1個
花椒 ‥‥‥‥‥‥‥‥‥‥‥‥‥‥ 大さじ3
ホワジャオ
赤とうがらしのみじん切り ‥‥ 小さじ½〜1
しょうゆ ‥‥‥‥‥‥‥‥‥‥‥‥ 大さじ1
ごま油 ‥‥‥‥‥‥‥‥‥‥‥‥‥ 大さじ3
松の実 ‥‥‥‥‥‥‥‥‥‥‥‥‥‥ 少々

作り方

❶豚肉は一口大に切って、Aをまぜてもみ、10分ほどおく。レタスはしんを除き、くし形に切って花のように開いて皿に広げる。

❷フライパンにごま油、花椒、赤とうがらしを入れて弱火にかけ、香りが出たら網じゃくしなどで花椒をとり除く。豚肉を加えてさっといため、火が通ったらしょうゆを加えてまぜ、レタスにのせる。

❸からいりした松の実を散らし、好みでレモンをしぼっても。

●花椒は熟した山椒の実を乾燥させた、中国の香辛料。

日本では世界の料理が食べられますね。特別のレストランに行かないと食べられない、その国独特の料理もあるし、もとは外国のものだったのに、すっかり日本の家庭になじんでいるものもあります。

ラーメンはもともと中国のものだけど、今はすっかり日本のものになっていて、よくあるラーメン屋さんのラーメンは中国では食べられません。カレーはインドのものですけど、インドレストランで食べるさらさらしたスパイシーな本場カレーと、家庭のカレーライスとは別のものです。

そんなふうに、外国の味を自分の国の味に近づけるということは、どこの国でもやっているだろうと思います。

そのうえに、各家庭の味があります。インドで生まれたカレーも、日本の家庭では「おふくろの味」のひとつじゃないかしら。

私が作る料理も私流の味になります。外国でおいしい料理に出会うと、うちに帰ってからメモと舌の記憶を頼りに作ってみますが、はじめはできるだけオリジナルに近く再現しているつもりでも、何度か作っていると、いつの間にかわが家の味になっているみたい。

中華もエスニックも、本格派から庶民的なものまでいろいろですが、私にとって魅力があるのは、手早くできるもの、大皿にドーンと盛って、みんなでワイワイ食べるもの。

それにもうひとつ、「香り」。ねぎ、しょうが、にんにく、香菜。豆板醤（トウバンジャン）やナムプラーなど、いろんな国の調味料も、異国の味がたっぷり楽しめる素材です。

金目鯛のアツアツ香味蒸し

豪華に見えるけど、実は超簡単。
お客さまのときのうちの定番です。

材料（4人分）

金目鯛（白身魚ならなんでも）……… 4切れ
塩 …………………………………… 少々
ねぎ ………………………………… 3本

A
- ナムプラー ………………… 大さじ1
- 香菜のみじん切り …………… 大さじ3
- オイスターソース …………… 小さじ1
- しょうゆ …………………… 大さじ1½

酒 …………………………………… 大さじ2

作り方

❶金目鯛はペーパータオルで水けをよくふいて、塩を振る。Aはまぜる。

❷ねぎ2本は5㎜厚さの斜め切りにする。残りの1本は3〜4㎝長さに切って縦に切り目を入れ、しんを除いてせん切りにし、水にさらしてしらがねぎにする。

❸皿に斜め切りにしたねぎと金目鯛を並べ、酒を振る。湯げの上がった蒸し器で7〜8分蒸す。ほぼ火が通ったらAをかけ、さらに1〜2分蒸して皿ごととり出し、しらがねぎを盛る。アツアツを食べる。

あさりの
ふわふわ卵あえ

卵は余熱で火を通し、半熟に。
あさりのうまみが卵にしみ込んでます。
あさりの殻で卵をすくって食べてね。

材料（2人分）

殻つきあさり（砂抜きずみ）‥‥‥‥‥‥ 200g
卵 ‥‥‥‥‥‥‥‥‥‥‥‥‥‥‥‥‥‥‥‥‥‥ 3個
にんにくのみじん切り ‥‥‥‥‥‥‥ 大さじ3
酒 ‥‥‥‥‥‥‥‥‥‥‥‥‥‥‥‥‥‥‥ 大さじ2
ごま油 ‥‥‥‥‥‥‥‥‥‥‥‥‥‥‥‥ 大さじ3

作り方

❶卵はときほぐし、ごま油を加えてまぜる。
❷フライパンにあさり、にんにくを入れ、酒と水大さじ2も振り入れ、蓋をして火にかける。あさりの口があいたら①を鍋肌から中心にぐるりと回し入れ、20秒したら火を止める。ふたをして余熱で卵に火を通す。
❸器に盛り、好みであさつきの小口切りを振っても。

卵焼きスペシャル

台湾で見つけた卵焼き。
さっそく自分流にアレンジ。

材料（2人分）

卵 ‥‥‥‥‥‥‥‥‥‥‥‥‥‥‥‥‥‥‥‥‥‥ 2個
切り干し大根 ‥‥‥‥‥‥‥‥‥‥‥‥‥‥ 15g
ねぎ ‥‥‥‥‥‥‥‥‥‥‥‥‥‥‥‥‥‥‥‥ 30g
にら ‥‥‥‥‥‥‥‥‥‥‥‥‥‥‥‥‥‥‥‥ 30g
A{ しょうゆ、オイスターソース、紹興酒
‥‥‥‥‥‥‥‥‥‥‥‥‥‥‥ 各小さじ1
塩 ‥‥‥‥‥‥‥‥‥‥‥‥‥‥‥‥‥‥‥‥‥ 少々
ごま油 ‥‥‥‥‥‥‥‥‥‥‥‥‥‥‥ 大さじ1½

作り方

❶切り干し大根はざっと洗ってから水につけてもどし、水けをしぼってざく切りにする。ねぎはみじん切り、にらは3cm長さに切る。
❷フライパンにごま油大さじ1を熱し、ねぎ、切り干し大根、にらの順に加えていためる。Aで調味していったんとり出し、冷ます。
❸ボウルに卵をときほぐし、②と塩を加えてまぜる。フライパンにごま油大さじ½を熱して流し入れ、菜箸でまとめながら両面をしっかり焼く。食べやすく切り分けて器に盛る。
●マヨネーズ、トマトケチャップ、香菜だれ（88ページ）などで食べてもおいしい。

いためた具は、冷ましてから卵に加える。

鶏とかぶの
ゴロゴロ煮

コクのある鶏とやさしいかぶと
元気なコチュジャンが引き立て合って
おいしさ倍増！

材料（2～3人分）

鶏手羽元 ………………… 5本（約200 g）
かぶ（葉つき） ………… 2～3個（約200 g）
にんにくの薄切り ………………… 1かけ分
A ┃ しょうゆ、酒 ……………… 各大さじ1
　 ┃ コチュジャン、砂糖 ……… 各大さじ½
ごま油 ………………………………… 大さじ1

作り方

❶かぶは皮つきのまま茎を少々残して四つ
割りにし、茎、葉は少々残して1cm長さの
ざく切りにする。手羽元は食べやすいよう
骨に沿って包丁で切り目を入れる。

❷なべにごま油を熱してにんにくと手羽元
を入れ、焼きつけながらいためる。水2カ
ップを加え、落とし蓋をして15分ほど煮る。

❸肉がやわらかくなったらかぶ、水をひた
ひたになるまで加えて、さらに5分煮る。
Aと茎、葉も加え、さらに落とし蓋をして、
かぶがやわらかくなるまで煮る。

ホットたらチゲ

まるごと入れたにんにくも食べちゃう。
体のしんからあたたまるうま辛なべよ。

材料（4人分）

たら	3切れ
絹ごしどうふ	1丁
豚バラ肉	200g
水菜（ほうれんそう、春菊でも）	小1株
ねぎ	1本
白菜	¼株
にんにく	4かけ
鶏ガラスープ	4カップ
A	コチュジャン、みそ、酒、ごま油 各大さじ2 すり白ごま、しょうゆ 各大さじ1 砂糖 大さじ½

作り方

❶たらは食べやすい大きさに切って熱湯を回しかける。とうふは8等分に、豚肉、水菜、ねぎ、白菜は食べやすく切る。

❷なべに鶏ガラスープとAを入れて火にかける。煮立ったら①の具とにんにくを適量ずつ加えて煮ながら、スープごといただく。

●途中でスープが足りなくなった場合は、具からじゅうぶんうまみが出ているので、水を加えればOKです。

中華風三色スープ

「あさりと豚のパッと蒸し」（右ページ）に添えたいサッパリ味。

材料（2〜3人分）

トマト	小1個
チンゲン菜	小½株
卵	2個
ねぎの青い部分	1本分
鶏ガラスープ	3カップ
ハーブ塩	小さじ½
ごま油	小さじ2

作り方

❶トマトとチンゲン菜は食べやすく切る。卵はときほぐす。

❷なべにごま油を熱し、ねぎをしっかりいためる。鶏ガラスープ、トマト、チンゲン菜を加え、一煮立ちしたらねぎを除き、ハーブ塩を加える。とき卵を流し入れ、ふんわりしたら火を止める。好みでごま油を振っても。

あさりと豚の パッと蒸し

わが家の定番メニュー。
あさりの汁が豚肉と合体して10倍ウマイ！

材料（4人分）
殻つきあさり（砂抜きずみ）………… 400g
豚バラ（または肩ロース）薄切り肉 …‥ 200g
酒 ………………………………… 大さじ3
ポン酢 ……………………………… 適量
香菜（または三つ葉）……………… 適量

作り方
❶あさりは殻をこすり合わせるようにして洗い、フライパンに並べる。香菜はざく切りにし、豚肉は食べやすく切る。
❷あさりの上に豚肉をのせて酒を振り、蓋をして火にかける。あさりの口が開いたら火を止め、汁ごと器に盛る。ポン酢をかけて香菜を散らす。汁をつけながらいただく。 41

山海青湯と
おまけの佃煮

ささ身とわかめだけなのに、深みのある
おいしさ。スープと同時に佃煮もできちゃう。

材料（4人分）

鶏ささ身肉 ························· 2本（130g）
生わかめ ····························· 80g
酒 ······························· 大さじ1
塩、こしょう、薄口しょうゆ ···· 各小さじ¼
万能ねぎ ···························· 少々

作り方

❶なべに水2カップとささ身、酒を入れて
火にかける。煮立ったらアクをとって弱火
にし、4～5分煮る。わかめも加えてひと
煮したら、火からおろしてあら熱をとる。
❷フードプロセッサーに①を入れ、なめら
かになるまで攪拌する。水2カップを加え
てさっとまぜ、ざるでこしながらなべに戻
し入れる。塩、こしょう、しょうゆで調味し、
ひと煮する。器に盛り、万能ねぎを斜め切
りにして散らす。
❸おまけの佃煮を作る。ざるに残ったわか
めとささ身をボウルに入れ、しょうゆ大さ
じ½～、削り節5g（それぞれ分量外）をま
ぜる。

みそ蒸しチキン

フライパンひとつでできちゃう
簡単だけど豪華な一品。

材料（4人分）

鶏もも肉（300g）··················· 2枚
塩 ································· 適量
豆板醤 ···························· 大さじ1
ねぎ ······························· 1本
しょうがのみじん切り ··············· 2かけ分
赤とうがらしの小口切り ············· 1本分
みそ ····························· 大さじ2～3
酒 ································· ⅓カップ
サラダ油 ·························· 大さじ4

作り方

❶鶏肉は黄色い脂身を除き、皮に包丁でと
ころどころ切り目を入れ、厚みのあるとこ
ろは包丁を入れて均一にする。両面に塩と
豆板醤を塗る。ねぎは長さを2等分し、半
分はみじん切りにする。残りは3～4cm長
さに切って縦に切り目を入れてしんをとり、
せん切りにして水にさらし、しらがねぎにする。
❷フライパンにサラダ油を熱し、赤とうが
らし、ねぎのみじん切り、しょうがをいため、
香りが出たら、鶏肉を皮目から入れ、焦げ
ないように気をつけながら両面をこんがり
と焼く。
❸みそを酒でといて加え、蓋をして弱火で
3～4分蒸し焼きにする。食べやすく切っ
て器に盛り、煮汁をかけてしらがねぎをのせる。

ひんやり
紅白ワンタン

蒸し暑い日にはのどごしひ〜んやり。
これに限る！

材料（4人分）

えび	12尾
黄にら	15本
香菜の葉	2本分
ワンタンの皮	24枚
A ねぎのみじん切り	適量
しょうゆ、ラー油、酢	各少々
酒、塩	各少々

作り方

❶えびは殻をむき、背わたと尾を除いてあらめにたたく。黄にらは2cm長さに切る。香菜の葉はひと口大にちぎる。ボウルにえびの半量と黄にらを入れ、別のボウルに残りのえびと香菜を合わせ、それぞれに酒と塩を加えて下味をつける。

❷2種類の具をワンタンの皮でそれぞれ包み、皮に水をつけてしっかり閉じる。

❸なべにたっぷりの湯を沸かして②をゆでる。浮いてきたら冷水にとり、水けをきって氷の上に盛る。Aを好みに合わせてまぜ、つけて食べる。

●白身魚、梅肉、青じそを包むのもおすすめ。試してみて！

ワンタンの皮の角を手前にしておき、中央に2種類の具をそれぞれのせる。

内側の縁に少し水をつけて、皮を二つ折りにして。ぴったりと閉じる。

あさりの
カラフルいため

おかずにもおつまみにも向くスピード
料理。大きめのあさりがおすすめね。

材料（4人分）

殻つきあさり（砂抜きずみ）	300 g
赤ピーマン	小½個
にんにくの芽	2束（160 g）
白菜キムチ	60 g
酒	小さじ2
しょうゆ、砂糖	各小さじ2
ごま油	小さじ2

作り方

❶あさりは殻をこすり合わせるようにして
洗い、水けをきる。赤ピーマンは細切りに
する。にんにくの芽は4cm長さに切ってゆ
で、水けをきる。キムチはあらく刻む。

❷フライパンにごま油を熱し、にんにくの
芽とキムチを入れていためる。にんにくの
芽がしんなりしたら、あさりと酒を加え、
蓋をして蒸し煮にする。

❸あさりの口が開いたら、赤ピーマン、し
ょうゆ、砂糖を加えてさっとまぜる。

薄切り肉のみょうがみそいため

みょうがの香りと歯ざわりがうれしい。

材料（4人分）
牛もも薄切り肉 ······················200g
A ┃ 酒、しょうゆ、サラダ油、かたくり粉
　 ┃ ································ 各大さじ½
ピーマン ······························ 4個
赤パプリカ ·························· 小1個
みょうが ······························ 3個
しいたけ ······························ 4個
B ┃ みそ ···························· 大さじ2
　 ┃ 砂糖、酒、みりん ········ 各大さじ1
サラダ油 ························· 大さじ1

作り方
❶牛肉は一口大に切ってAをもむ。ピーマン、パプリカは1cm幅の斜め切り、みょうがは四つ割り、しいたけは細切りにする。
❷フライパンにサラダ油を熱し、ピーマン、パプリカ、しいたけをいため、水大さじ2を振って蓋をし、1分ほど蒸し焼きにする。蓋をとって牛肉を加えていため合わせ、肉の色が変わったらBをまぜて加え、さっといためる。みょうがも加え、さっとまぜる。

釜山なべ

コクのあるスープのヒミツは、納豆。
ごはんを入れておじやにしてもおいしい。

材料（4人分）
鶏ひき肉 ····························300g
A ┃ しょうが汁 ···················· 少々
　 ┃ 酒、塩 ······················ 各少々
白菜キムチ ····························200g
白菜 ······························ 4～5枚
ねぎ ·································· 2本
しいたけ ······························ 5個
大根 ································100g
にんにく ····················· 丸ごと1個分
豆もやし ···················· 1袋（200g）
もち ································ 適量
B ┃ みそ ···························· 大さじ5
　 ┃ コチュジャン、酒 ········· 各大さじ2
　 ┃ 納豆 ···························· 40g
　 ┃ 水 ···························· ½カップ

作り方
❶ひき肉はAとともにボウルに入れて粘りが出るまでまぜ、一口大のだんごに丸める。
❷キムチと白菜はざく切りに、ねぎは5mm厚さの斜め切りに、しいたけは5mm厚さに切る。大根は5mm厚さの短冊切りにする。
❸Bはフードプロセッサーに入れ、なめらかなペースト状にする。
❹なべに水8カップを沸騰させ、①のだんごとにんにくを入れ、出てきたアクをすくう。②の野菜類を加えてさらに煮て、③のペーストも加えて15分ほど煮る。火からおろす直前に、豆もやし、もちを加える。
●好みでバターを加えてもおいしい。

ボリュームたっぷり イタリアン

　家族4人でヨーロッパ旅行をしたことがあります。車でパリを出発して、リビエラ海岸を通って、モナコのたくさんのトンネルを抜けると、そこはサンレモでした。イタリアに来たんだからと、さっそくレストランに入って昼食のパスタ。それがとてもおいしくて、さすがパスタの国、と感心しました。

　それからイタリアで感心したのは野菜がおいしいこと。トマトサラダを頼んだら、氷水の入ったボールにトマトがまるごとたくさんプカプカ浮いているのがドンとテーブルに。へたつきトマトが野性味いっぱいで、懐かしい味がしました。

　うちに帰ってから、例によってヨーロッパの味を再現。食材の違いで、そっくりにならないものもあるけれど、そういうときは自己流にアレンジして、わが家の味にしてしまう。でも最近はハーブやおいしいオリーブオイルも手に入りやすくなったので、家庭でおいしいイタリアンが作れるようになりましたよね。

　イタリアでは本場のカルパッチョをたくさん食べました。うちで再現してみたら、これは私の勝ち。だって肉はあちらより日本のほうがおいしいから。苦労しないでおいしいのができちゃった、というわけです。日本ってほんとにいい国ですよね。

めちゃ簡単！なすラザニア

市販品で作ったとは思えない豪華さでしょ。

材料（4人分）

ワンタンの皮 ……………………………… 16枚
なす …………………………… 2個（160g）
ハーブ塩 …………………………………… 少々
A｛
　ホワイトソース缶詰 …… 1缶（290g）
　牛乳 …………………………… 50ml
　タイムの葉（生） …………… 小さじ2
　こしょう …………………………… 少々
ミートソース缶詰 ……………………… 100g
ピザ用チーズ …………………………… 適量
オリーブオイル …………………… 大さじ2

作り方

❶なすは3mm厚さの斜め薄切りにし、ハーブ塩を振って5分ほどおき、水けをふく。フライパンにオリーブオイルを熱してなすの両面を焼き、とり出す。

❷ボウルにAをまぜ、ホワイトソースを作る。

❸耐熱皿にバター適量（分量外）をぬって、ホワイトソースの⅓量を入れて平らにならし、なすの半量を並べる。ミートソースの半量をのせてならし、ワンタンの皮8枚を2枚ずつ重ねて敷き詰める。さらにホワイトソースからワンタンの皮までを同様にくり返し、最後にホワイトソースをのせてチーズを散らす。オーブントースターで焼き色がつくまで焼く。

ペンネのグリーン クリームソース

こまかく刻んだブロッコリーがたっぷり。
生クリーム入りのソースでまろやかに。

材料（4人分）

ブロッコリー ……………………… 2個
ペンネ ………………………………… 280g
にんにくのみじん切り ………… 小さじ2
玉ねぎのみじん切り ……………… ½個分
生クリーム …………………………… ½カップ
ハーブ塩 …………………………… 小さじ½
塩、こしょう、しょうゆ ………… 各適量
オリーブオイル、バター ……… 各大さじ3

作り方

❶ブロッコリーは小房に分け、やわらかめ
の塩ゆでにして水けをきり、みじん切りに
する。

❷なべにたっぷりの湯を沸かし、塩適量を
加えてペンネをゆでで湯をきる。ゆで汁を
½カップほどとっておく。

❸フライパンにオリーブオイルとバターを
入れて火にかけ、にんにく、玉ねぎを弱火
でいためる。①とペンネのゆで汁、生クリ
ームを加え、軽く煮詰める。ゆでたペンネ
を加えてさっとまぜて火を止め、ハーブ塩、
こしょう少々を加えてまぜる。仕上げにし
ょうゆをチラッとかける。

ハーブ焼き魚

まるごとオーブンで焼く見た目も立派な一品。

材料（4人分）

白身魚（鯛、すずきなど） …………… 1尾
にんにく ……………………………… 3〜5かけ
A {
　にんにくのみじん切り ……… 大さじ2
　タイム、ローズマリー（生） … 各4枝
　オリーブオイル、塩、こしょう
　　　　　　　　　　　　　　 …………… 各適量
}

作り方

❶魚はうろこをこそげとり、内臓を除いて
皮目に切り目を入れる。表面とおなかにA
を塗りつける。

❷天板にオーブン用シートを敷いてにんに
くとともにのせ、200度に熱したオーブンで
ときどきオリーブオイル（分量外）をかけ
ながら30分ほど焼く。魚が小さめなら時間
をかげんする。しょうゆととかしバターを
まぜ、つけながら食べるのもおいしい。

パワフル 玉ねぎフライ

チーズ風味の衣は子どもにも大人気の味。

材料（4人分）

玉ねぎ ………………………………… 3個
小麦粉 ………………………………… 適量
とき卵 ………………………………… 1〜2個分
A {
　パン粉 ……………………………… 2カップ
　粉チーズ …………………………… ½カップ
　パセリのみじん切り … 大さじ山盛り2
}
パセリ ………………………………… 2〜3枝
揚げ油 ………………………………… 適量

作り方

❶玉ねぎは1cm厚さの輪切りにする。Aは
まぜる。

❷玉ねぎに、小麦粉、とき卵、Aを順につけ、
揚げ油できつね色にカリッと揚げる。パセ
リは枝ごと素揚げにして塩（分量外）を振る。

牛薄切りの
バジルソテー

新婚のころにイタリアの友人から
教わった、とっておきのレシピよ。

材料（2人分）

牛ロース薄切り肉 ··························· 200g
塩、こしょう ···························· 各適量
バジル（乾燥） ···················· 小さじ2～3
じゃがいも ····················· 2個（130g）
バター ···························· 大さじ1
オリーブオイル ···················· 大さじ1
サラダ ｛ トマト ···························· 1個
きゅうり、セロリ ·············· 各1本
玉ねぎ ···························· ¼個
ハーブ塩、こしょう ·············· 各少々
オリーブオイル ·············· 大さじ3

作り方

❶牛肉に塩、こしょう各少々を振って、オ
リーブオイルとバジルをまぶしつけ、10分
ほどおく。じゃがいもは皮つきのままふん
わりとラップで包み500Wの電子レンジで
3分ほど、少しかために加熱し、2mm厚さ
に切る。

❷フライパンにバターを熱して牛肉をさっ
とソテーし、皿に盛る。フライパンに残っ
た油でじゃがいもをいため、塩、こしょう
各少々を振って牛肉に添える。好みでしょ
うゆをかけても。

●トマトはくし形に、きゅうり、セロリ、玉
ねぎはコロコロに切り、ハーブ塩、こしょう、
オリーブオイルでさっとあえたサラダを添
える。

イタリア野菜どっさりグラタン

イタリアと日本が手をつないだ新しい味。

材料（4人分）

玉ねぎ	½個
ズッキーニ	1本
なす	1個
トマト	1個
ごはん	茶碗に2杯
ハーブ塩	小さじ½
しょうゆ	適量
オリーブオイル	大さじ5
バジルの葉	適量

作り方

❶玉ねぎ、ズッキーニ、なす、トマトは1cm厚さの輪切りにする。フライパンにオリーブオイル大さじ3を熱して野菜を入れ、しっかりいためてハーブ塩を振る。

❷耐熱皿にごはんを敷き、①をのせて残りのオリーブオイルを回しかける。180度に熱したオーブンで15分焼く。バジルの葉をちぎってのせ、数枚は飾りとしてのせる。しょうゆをチラッとかけていただく。

Remi's memo

イタリア野菜の代表選手・トマト。日本のものとはちょっと違うんだけど、完熟トマトを選べばかなり本場に近いおいしさよ。かぼちゃの仲間のズッキーニは、くせのない甘みが魅力。どちらもよく熟したものを選んでね。

バジルエッグの野菜サンドオムレツ

野菜がいっぱい。ブランチにもいいでしょ。

材料（4人分）

卵 ‥‥‥‥‥‥‥‥‥‥‥‥‥‥ 4個
A ┌ バジルの葉 ‥‥‥‥‥‥‥‥ 7枚
　├ 粉チーズ ‥‥‥‥‥‥‥‥ 大さじ2
　└ 塩、こしょう ‥‥‥‥‥‥ 各少々
マッシュルーム ‥‥‥‥‥‥‥‥ 2個
ズッキーニ ‥‥‥‥‥‥‥‥‥‥ ⅓本
なす ‥‥‥‥‥‥‥‥‥‥‥‥‥ ½個
トマト ‥‥‥‥‥‥‥‥‥‥‥ 小1個
玉ねぎ ‥‥‥‥‥‥‥‥‥‥‥ 50g
ハーブ塩、こしょう ‥‥‥‥‥ 各少々
バター ‥‥‥‥‥‥‥‥‥‥‥ 大さじ1
オリーブオイル ‥‥‥‥‥ 大さじ3～4
好みのパン ‥‥‥‥‥‥‥‥‥‥ 適量

作り方

❶ボウルに卵をときほぐす。Aのバジルは
手で小さくちぎり、残りのAとともに卵に
加えてよくまぜる。

❷マッシュルームは四つ割りに、ズッキー
ニとなすは半月切りに、トマトはざく切り
にする。玉ねぎは1cm角に切る。

❸フライパンにオリーブオイルを熱して野
菜類を入れ、やわらかくなるまでいためる。
ハーブ塩、こしょうを軽く振り、いったん
皿にとり出す。

❹フライパンをさっと洗ってバターを熱し、
①を加えてかきまぜる。半熟状になったら
③をのせて半分に折り、器に盛る。パン、
あればバジルの葉を添える。

Remi's memo

　イタリアンには欠かせないオリーブオイ
ル。サラダなど、油を加熱しないで使う場
合には、香りのいいエキストラバージンオ
イルがおすすめです。オリーブの実をしぼ
っただけの、いわば100％果汁。開栓したら
酸化しないうちに、早めに使いきります。

カラフル
ブルスケッタ

トマト、きのこ、アンチョビクリーム。
いろいろのせればパーティーにもおすすめね。

材料（4人分）

フランスパン（バゲット）	……………	適量
にんにく	……………………	1かけ

A
ミニトマト（赤、黄）	…………	各8個
ミントのあらみじん切り	……	大さじ1
塩	………………………	少々
オリーブオイル	…………	大さじ1

B
しいたけ	…………………	3個
しめじ	…………………	½パック
えのきだけ	………………	½パック
にんにくのみじん切り	……	1かけ分
赤とうがらしの小口切り	………	少々
タイム（生）、塩、こしょう	……	各少々
オリーブオイル	…………	大さじ3

C
生クリーム	………………	½カップ
アンチョビ（フィレ）のみじん切り		
	………………………	3枚分
パセリのみじん切り	………	大さじ1

作り方

❶Aのミニトマトは小さめに切ってペーパータオルで水けをふき、残りのAの材料とまぜる。

❷Bのきのこ類は小さく切る。フライパンにオリーブオイルを熱してにんにく、赤とうがらしをいため、香りが出たらきのこ類とタイムを加えていためる。しんなりしたら塩、こしょうで味つけする。

❸Cの生クリームはボウルに入れて泡立て器でとろりとするまでホイップし、アンチョビ、パセリを加えてまぜる。

❹フランスパンは1.5cm厚さに切ってトーストし、にんにくの切り口をこすりつけて香りを移す。①〜③を適量ずつのせる。好みでパセリやミントをのせても。

Remi's memo

　小さないわしの塩漬けをオリーブオイルにつけたアンチョビは、パスタやソースに加えると、塩味とうまみが出て絶好の隠し味になるの。チューブ入りのペースト状のものもあるから、常備しておくと便利よ。

アップル風味の野菜サラダ

りんご入りのさわやかドレッシングは
どんな野菜にもピッタリ。

材料（4人分）

いろいろ野菜 ……………………… 適量
（グリーンカールやサラダ菜、トレビス、
チコリなど好みの葉野菜と、ミニトマト、
紫玉ねぎなど）
モッツァレラチーズ ……………… 適量
A {
　ドレッシング（市販品）………… 100ml
　りんごのざく切り ……………… 100g
　玉ねぎのざくぎり ……………… 30g
　砂糖 ……………………………… 少々
}

作り方

❶葉っぱ類は洗って水けをきり、食べやす
くちぎる。ミニトマトは四つ割り、紫玉ね
ぎは薄切りにする。モッツァレラチーズは
2cm角に切り、野菜とともに器に盛る。
❷Aの材料をすべてフードプロセッサーに
入れて回し、ドレッシングを作る。①に好
みの量をかけ、全体をあえながらいただく。

Remi's memo

オリーブオイルに薄切りのにんにくを漬
けておけば風味豊かなガーリックオイルに、
ディルなどの好みのハーブを刻んでバター
にねり込めば、さっぱりしたハーブバターに。
棒状にしてラップで包んで冷やしておき、
切り分けて使うと便利。

ポーチドエッグのせ粉ふきいも

半熟卵、ポテト、アンチョビは
おいしさを生む名トリオ。

材料（4人分）

じゃがいも ……………………… 小4個
卵 ……………………………………… 4個
アンチョビ（フィレ）…………… 1〜2枚
粉チーズ ………………………… 大さじ2
パセリのみじん切り ……………… 大さじ2
酢 ………………………………… 大さじ1
あらびき黒こしょう ……………… 適量
フランスパン …………………… 適量

作り方

❶じゃがいもは500Wの電子レンジで8分ほど加熱し、ふきんを当てて熱いうちに皮をむく。さらにポリ袋に入れ、手で軽くつぶす。
❷なべに湯を5カップ沸かして酢を加え、卵1個を割り入れ、形をととのえて30秒ゆで、網じゃくしですくいとる。同様に3個作る。
❸①を皿に盛り、アンチョビをみじん切りにしてのせる。粉チーズを振って卵をのせ、パセリを振る。こしょうを振り、トーストしたフランスパンを添える。

ポーチドエッグは、酢を入れた熱湯に卵を落とし、白身で黄身を包むように形をととのえる。くずれやすいのでていねいに。

やみつき
いかリング

香ばしさのヒミツはコーンミール。
子どもにも大好評です。

材料（4人分）

いか ······························ 2はい
小麦粉 ························· 大さじ4
とき卵 ························· 1個分
コーンミール ················· ⅔カップ
塩、こしょう ················· 各少々
オリーブオイル（またはサラダ油）····· 適量

作り方

❶いかは内臓と足を除き、外側の皮と、そ
の下にある薄皮をむく。胴の内側も含め、
水けをしっかりふいて1cm幅の輪切りにし、
塩、こしょうを振る。

❷いかに小麦粉、とき卵、コーンミールの
順に衣をつけ、熱したオリーブオイルでカ
リッと揚げる。油をきって器に盛り、好み
で塩やレモン汁を振っていただく。

まめまめトマト

缶詰を使うカンタン料理。
豆がくずれるほどじっくり煮込んでね。

材料（4人分）

白いんげん豆缶詰（400g缶）··········· 1缶
ベーコン ····························· 3枚
玉ねぎ ······························ 100g
にんにくのみじん切り ··········· 小2かけ分
　┌ トマトピューレ ············· 大さじ4
　│ ローリエ ···················· 1枚
A │ 塩、こしょう ················ 各少々
　│ クミンパウダー ·············· 小さじ1
　└ 水 ······················ 1～2カップ
塩、あらびき黒こしょう ············ 各少々
オリーブオイル ················· 大さじ1

作り方

❶玉ねぎは1cm角、ベーコンは1cm幅に切る。

❷なべににんにくとオリーブオイルを入れ
て火にかけ、香りが出たら、ベーコン、玉
ねぎの順に加えて透き通るまでいためる。

❸いんげん豆、Aを加え、豆がやわらかくな
るまでじっくり煮る。汁けが少なくなったら
様子をみながら水を足す。塩、こしょうで味
をととのえ、好みでカイエンペッパーを振る。

ゆでチキンのタイム風味

チキンをゆで汁につけておけば時間が調理してくれて、翌日は大ごちそう。お客さまが来る前日に用意するのもいい。

材料（4人分）

鶏もも骨つき肉 ……………………… 6本
タイム（生） ……………………… 10枝
酒 ……………………………… ½カップ
塩 ……………………………… 適量

作り方

❶ なべにたっぷりの湯を沸かし、塩少々と酒を加えて鶏肉を入れ、アクをすくいながら20分ほど弱めの中火でゆでる。火からおろしてあら熱をとる。

❷ 耐熱のジッパーつき保存袋に、鶏肉、ゆで汁3カップ、タイム、塩大さじ1を入れ、冷蔵庫で一晩おいて味をなじませる。食べるときに鶏肉とタイムをとり出して皿に盛り、電子レンジであたためる。好みでレモンをしぼったり、チリソースをつけても。

ジッパーつきの袋に入れておくと、少ない調味液ですむし、全体に味がよくなじむ。残った①のゆで汁は、塩、こしょうで味つけしてスープにできます。

にんにく
ミルクスープ

なんてまろやかな味わい。
ごはんを入れてとろみを出します。

材料（4人分）

にんにく ……………………… まるごと1個
A {
　パセリの茎のざく切り ……… 2本分
　牛乳 ……………………………… 2カップ
　鶏ガラスープ ………………… 1カップ
　ごはん ……………………………… 100g
　ハーブ塩、オイスターソース
　………………………………… 各小さじ1
}
バター ………………………………… 大さじ3
パセリの葉のみじん切り ……………… 少々

作り方

❶にんにくは薄切りにする。フライパンにバター大さじ1を弱火で熱し、にんにくをいためる。透き通ってきたらAを加え、ときどきまぜながら弱めの中火で10分ほど煮て、火からおろしてあら熱をとる。❷ミキサーに移して攪拌し、なめらかになったらなべに戻す。バター大さじ2を加えてあたため、器に盛る。パセリの葉を散らし、好みでトーストしたフランスパンを添える。

サーモンの
おしゃれステーキ

ハーブバターの風味が
焼きたてのサーモンを引き立てます。

材料（4人分）

サーモン	4切れ
ハーブ塩、こしょう	各適量
小麦粉	適量
バター	大さじ4
オリーブオイル	大さじ4
A { ディルの葉のみじん切り	大さじ1
A { バター	大さじ4
レモンのくし形切り	4切れ
しょうゆ	少々

作り方

❶Aのバターを室温でやわらかくしてディルをねり込み、ディルバターを作る。ラップで包み、冷蔵庫で固める。

❷サーモン1切れにハーブ塩、こしょう各少々を振り、薄く小麦粉をまぶしつける。フライパンにオリーブオイルとバター各大さじ1を熱し、サーモンの両面を焼く。同様に残りも焼く。皿にサーモンを盛り、ディルバター適量をのせる。レモンとあればディルを添え、レモンをしぼり、しょうゆをかけていただく。

巻き巻き＆コロコロメニュー

　私のオリジナル・レシピには、巻き巻き、コロコロがたくさんあります。これが生まれたのは、残り物をどうしようかと考えたのがきっかけでした。

　パスタにかけるミートソースが残ったことがあって、次の日もまたスパゲッティ・ミートソースじゃつまらない、でもミートソースを捨てちゃうのはもったいない、と思ったので、ミートソースにごはんと粉チーズをまぜてミートボールのフライを作ってみたんです。これが成功。残り物を処理したとは思えない、新しいおかずになりました。

　味は似ていても、形が新鮮だし、テーブルの上も変化がつきます。いろんなものを巻いてみました。きょうは何を何で巻いてみようか、と考えるのも楽しいです。

　コロコロおかずも、形の変化がおもしろいのでよく作ります。巻き巻き＆コロコロは食べるのも気軽。手づかみあり、ようじに刺して食べるのあり。というわけでパーティーにもいいですね。

　コロコロおかずが残ったら巻き巻きおかずに変化させることができるし、くずしてスープに入れたり、カレーに入れたり、あんかけにしたり、さまざまなリフォームができますよ。

エスニック 煮込みだんご

ナムプラー風味のコクのあるおいしさ。
はるさめの歯ざわりがアクセントです。

材料（2人分）

豚ひき肉	……………………	170g
はるさめ（乾燥）	……………………	20g

A	しいたけのみじん切り	…小2個（40g）
	にんにくのみじん切り	……大1かけ分
	玉ねぎのみじん切り	……¼個分（50g）
	ナムプラー	……………小さじ2
	かたくり粉	……………大さじ1

B	ナムプラー	……………小さじ2
	しょうがの薄切り	……………2かけ分
	赤とうがらし	……小1〜2本
	オイスターソース	…小さじ1½〜
	鶏ガラスープ	……………2カップ

かたくり粉	……………………	大さじ1

作り方

❶はるさめは湯でもどして水をしっかりきってからみじん切りにする。ボウルにひき肉、Aとともに入れて、粘りが出るまでよ〜くこねて肉だんごを作る。

❷なべにBを入れて煮立て、肉だんごを加えて10分煮る。かたくり粉を同量の水でといて加えとろみをつける。器に盛って好みで香菜の葉を散らす。ライムをしぼっても。

肉だんごはピンポン玉くらいの大きさに丸め、煮汁の中に静かに落とし入れる。

豚巻きにんにくの直火焼き

カリッと焼けた豚と野菜の
絶妙なバランスを楽しんでね。

材料（2〜3人分）
豚バラしゃぶしゃぶ用肉 ……………… 12枚
にんにく ……………………………… 12かけ
ミニトマト …………………………… 12個
牛乳 ……………………………… ½〜1カップ
サラダ油、ハーブ塩、こしょう …… 各少々

作り方
❶ 小なべににんにくを入れて、牛乳をひた
ひたに注いで火にかけ、5〜6分煮る。や
わらかくなったらざるに上げて冷ます。豚
肉は長さを半分に切る。

❷ 豚肉でにんにくとミニトマトをそれぞれ
巻く。フライパンにサラダ油を熱し、巻き
終わりを下にして入れる。焼き固まったら
全体を焼き、ハーブ塩、こしょうを振る。
好みの野菜と食べても。

にんにくは牛乳で下ゆですると刺激が弱ま
り、ほっくりしたおいしさに。

エッグミート
コロッケ

半分に割ると黄色い卵が顔を出す。
お弁当にも好評のコロッケです。

材料（4人分）

ゆで卵（かための半熟）……………… 4個

A { 豚ひき肉 ……………………………… 100g
玉ねぎのみじん切り …………… ¼個分
パン粉 ……………………………… ¼カップ
とき卵 ……………………………… ½個分 }

小麦粉、とき卵、パン粉 ………… 各適量
サラダ菜、トマト ………………… 各適量
ソース（とんかつソース、スイートチリ
　ソース、マヨネーズ、ケチャップ）… 適量
揚げ油 …………………………………… 適量

作り方

❶ボウルにAの材料を入れ、よくねりまぜる。

❷ゆで卵は殻をむき、小麦粉をまぶしつけて①で包む。小麦粉、とき卵、パン粉の順に衣をつけ、揚げ油でカリッと揚げて油をきる。肉だねに火が通ればOK。

❸器に盛り、サラダ菜、トマトを添える。好みのソースをかけていただく。

手のひらいっぱいにのせたひき肉のたねに
卵をのせ、くるむように包む。

ジャムチーズ春巻き

クリーミーな甘さのおやつ春巻き。
レモンの果肉がパンチをつけます。

材料（4人分）

春巻きの皮 ……………………………… 3枚
マーマレードジャム …………… 大さじ3
クリームチーズ ………………… 大さじ4½
レモンの果肉 …………………………… ¼個分
小麦粉 ………………………………… 大さじ1
揚げ油 …………………………………… 適量

作り方

❶春巻きの皮は1枚を帯状の3等分に切る。1切れの端のほうに、ジャム小さじ1、クリームチーズ大さじ½、レモンの果肉少々をのせ、三角形になるように巻く。小麦粉を水適量で濃いめにとき、巻き終わりを止める。残りも同様に巻く。

❷熱した揚げ油に①を入れ、カリッと揚げて油をきる。好みで粉糖を振っていただく。

帯状に切った春巻きの皮の端のほうにチーズなどをのせ、三角形になるように巻く。

葉っぱ巻き春巻き

具を巻いて揚げ、コロコロに切り、
好きな葉っぱで包んで召し上がれ。
冷めてもおいしい。

材料（4人分）

鶏ひき肉 ······························· 300g
はるさめ（乾燥） ···················· 20g
えび ···································· 100g
にんにくのすりおろし ·········· 1かけ分
しいたけ ································ 2個
香菜、ミント（ともにあらみじん切り）
······························· 各大さじ2
A{
ナムプラー ···················· 小さじ⅔
かたくり粉、ライム汁 ······ 各大さじ1
砂糖 ························· 小さじ1½
}
春巻きの皮 ···························· 8枚
B{
ナムプラー、ライム汁（またはレモン汁）
······························· 各大さじ1
砂糖 ························· 小さじ2
赤とうがらしのみじん切り ······· 少々
香菜のみじん切り、ミントのみじん切り
······························· 各大さじ1½
水 ···························· 大さじ1
}
ごはん、好みの葉っぱや香味野菜 ··· 各適量
揚げ油 ·································· 適量

●葉っぱはサニーレタスなどの葉野菜と、
万能ねぎ、ミント、香菜などの香味野菜を
用意するとベトナム気分。

作り方

❶はるさめは湯でもどし、みじん切りにする。
えびは殻と背わたをとってあらみじんに切
り、しいたけもあらみじんに切る。

❷ボウルに①、香菜、ミント、ひき肉、に
んにく、Aを入れてよくまぜ合わせる。春
巻きの皮の角を手前にしておき、⅛量を横
長にのせて手前から包み、小麦粉少々（分
量外）を同量の水でといたものを端に塗っ
てとめる。残りも同様にして包む。熱した
揚げ油できつね色になるまで揚げる。

❸Bを合わせてたれを作る。春巻きは油を
きって食べやすく切り、器に盛る。葉っぱ
に春巻きと香味野菜、ごはんをのせて包み、
たれにつけながらいただく。

揚げるときに具がはみ出さないように、両
端をきっちり折って包む。

納豆つくねん棒

納豆と香味野菜入りのつくね。
ごはんのおかずにもおつまみにもぴったり。

材料（4人分）

A
- 鶏ひき肉 ………………………… 250g
- 青じそのみじん切り ………… 10枚分
- ねぎのみじん切り ……… ½本分（50g）
- ひきわり納豆 ……… 2カップ（約80g）
- とき卵 …………………………… ½個分
- しょうがのみじん切り ……… 小さじ1
- みそ ……………………………… 大さじ1
- パン粉 ……………………………… 25g
- サラダ油 ……………………………… 少々
- 青じそ ……………………………… 適量

作り方

❶ボウルにAの材料をすべて入れ、粘りが出るまでよくねりまぜる。竹串ににぎるようにして形よくつける。

❷フライパンにサラダ油を薄くひいて火にかけ、両面をこんがり焼く。器に盛って青じそを添える。

●竹串がなければ、小判形にして焼いても。

●肉に味がついているので、そのままでもいいけど、好みでからしじょうゆやポン酢しょうゆをつけてもおいしい。

つくねの材料をすべて入れ、よーくまぜて。ひき肉に青じそと納豆を加えるので、お互いのくさみを消し合ってよりおいしくなる。

メキシコ春巻き

メキシコで食べた思い出を春巻きに
包んだら、現地の味になりました。

材料（4人分）

アボカド（完熟）	大1個（250g）
トマト	1個（150g）
合いびき肉	150g
玉ねぎのみじん切り	¼個分
A { クミンパウダー、チリパウダー、ハーブ塩	各小さじ1
ピザ用チーズ	80g
春巻きの皮	10枚
小麦粉	少々
サラダ油	小さじ2
揚げ油	適量

作り方

❶アボカドは棒状に切る。トマトは横半分
に切り、種を除いて1cm角に切る。

❷フライパンにサラダ油を熱し、ひき肉、
玉ねぎをいため、肉の色が変わったらAを
加えてさっとまぜ、火を止めて冷ます。

❸春巻きの皮に、①、②、チーズを10等分
してのせ、手前、左右を折り込んで巻き、
小麦粉を同量の水でといてつけてとめ、熱
した揚げ油でカリッと揚げる。

●トマトケチャップにタバスコをまぜたた
れにつけて食べてもおいしい。

肉巻き野菜香味だれ

とことん冷たくしてもおいしいし、
作りおきができるので便利。
冷菜は暑い日の食欲増進にも。

材料（4人分）

豚（または牛）しゃぶしゃぶ用肉……10枚

A {
みょうが、万能ねぎ、にんじん、セロリ、
　大根 ………………… 合わせて約100ｇ
}

B {
ポン酢しょうゆ …………… 大さじ1〜
サラダ油 ………………… 小さじ1
砂糖 ……………………… 小さじ½
}

B {
にんにくのすりおろし、しょうがのす
　りおろし ………………… 各小さじ¼
ねぎのみじん切り ………… 大さじ1
ゆずこしょう ……………… 少々
}

作り方

❶Aの野菜はみょうがはせん切りに、ほか
は4cm長さのせん切りにし、10等分する。

❷なべに湯を沸かして豚肉をさっとゆで、
色が変わったら冷水にとり、ペーパータオ
ルで水けをふく。

❸豚肉に①をのせ、端からくるくる巻く。食
べやすく切って器に盛り、あれば香菜を散らす。
Bをまぜてたれを作り、かけて食べる。

カンタン ソーセージ

ローズマリーの香り豊かな手作りソーセージです。

材料（4人分）

A {
豚ひき肉 ……………………… 300ｇ
牛ひき肉 ……………………… 200ｇ
砂糖 …………………………… 大さじ1
パン粉 ………………………… ¼カップ
ハム …………………………… 100ｇ
あらびき黒こしょう …………… 少々
牛乳 …………………………… ½カップ
ローズマリーのみじん切り … 大さじ½
塩 ……………………………… 小さじ2
}

飾り用ローズマリー …………………… 少々
マスタード ……………………………… 適量
チコリ、ラディッシュ（あれば）…… 各少々

作り方

❶Aのハムはフードプロセッサーにかける
か、こまかいみじん切りにし、残りのAと
ともにボウルに入れて粘りが出るまでよく
ねりまぜる。

❷ラップに飾り用ローズマリーをのせてから
①を適量のせ、直径2cm、長さ5〜6cmの
大きさにまとめ、両端をねじって止める。残
りのたねも同様に成形する。湯げの上がった
蒸し器に、ねじり終わりのラップの端を下に
折り入れ、7〜8分蒸してあら熱をとる。

❸ラップをはがして器に盛り、マスタード
とチコリ、ラディッシュを添え、ローズマ
リーを飾る。

ラップの中央にローズマリーとたねを細長く
のせ、のり巻きのようにラップを巻いてまと
める。両端はしっかりねじって、ラップのね
じりが戻らないように、下に折り曲げて蒸す
といい。

いちばんくつろげる場所、キッチン

　家を建てるとき、「好きな場所にキッチンを造っていいよ」と夫が言いました。それで私は「南側で庭がいっぱい見えるところ！」と言って、それが実現したんです。

　窓をうんと広くとったので、日当たりもよくて、明るいキッチンになりました。料理を作りながら、庭に咲く花や、新緑や、飛んでくる鳥や、雨や雪など、四季の移り変わりを見ることができます。

　それはいいけど、冬場は日が当たりすぎるので、調味料やら何やらを、しょっちゅう日陰に移動させなければならないという面倒もあります。まないたはすぐに乾いて、さっぱりしていいのですが、まないたの上の野菜などは、うっかりしてるとパリパリに干からびちゃう。

　昔の台所は、たいてい北側の、寒くて暗いところにありました。昔の主婦は家の隅に追いやられていたというイメージもあるけれど、食材の保存などには、それがよかったのでしょう。生活の知恵でもあったんだと思います。

　多少の不便があっても、冷蔵庫の活躍で食材もなんとかなるし、やっぱり明るいキッチンにしてよかったと思います。

　私は一日の大半をここで過ごします。料理するときはもちろんだけど、新しいレシピを考えたり、本を読んだり。ひとりで飲む午後の紅茶、などというときも、ここは天国です。

　狭いけど食事するスペースはあるから、家族はだいたいここに集まります。お客さまだって、ちょっと親しくなるとキッチンの人になっちゃう。お茶を飲んだり、仕事の打ち合わせをしたり。

　何人か人が入るときは、もう少し広くしておけばよかったなー、と考えることもありますが、基本は私の使い勝手がいいように、あまり動かずに準備、調理、盛りつけ、洗い物までができるように造ってあります。

　私のキッチンには、いろいろなアイディアが詰まっています。もともとキッチンにいるのが大好きな私だから、キッチンだけは設計士さんに頼らずに、自分が使いやすいように考えました。

　でも、それもずいぶん前のこと。以前はお料理の仕事が忙しくなるとは思っていなかったから、収納のスペースをたっぷりとったつもりでも、意外に少なかったんです。

　色は全体にセピア調にしていました。居間の家具に合わせてシックにしたつもりでしたが、暗い色に囲まれていると、雨の日なんかすぐお天気に左右されちゃって、気がめいってきます。

　そんなわけで、10年ぐらい使ったキッチンを思い切って大改造。収納をふやし、色も真っ白にしました。

　調理台の下にポリバケツが入るようにして生ゴミが表に出ないようにしたり、流し台のそばにミキサーやポットをおくスペースを造ったり、引き出しをあけるとき、フォークなどがひっかからないように、上部にむだなすき間がないようにしてもらったり、ちょっとした工夫がいろいろあるので、ご紹介します。

壁をコンコンたたいて、空洞になっているのを発見。大工さんに頼んで収納棚を造ってもらいました。奥行きわずか10cm程度ですけど、小物がきれいに並ぶし、とり出すのも便利。上のほうはガラス戸にしたから、飾り棚のようでもあります。

道具は使う場所の近くにしまっておけば能率がいいでしょ。レンジの下の引き出しにはなべ類が、両わきの小さな引き出しには、しゃもじの仲間が入っています。

これ、私の発明です。シンクの横の調理台は斜めにしてあります。水が自然に流れるから魚をおろすときでも手が汚れませんし、まないたをきれいな状態にしておけます。

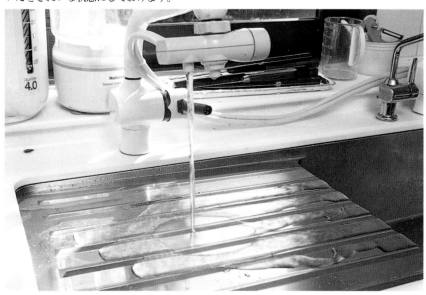

大皿は深い引き出しに収納。レールつきの引き出しなので引き出しやすい。大皿は6枚セットでは買わないで、1枚ずつ違うものを選びます。そのほうがテーブルに並べたときに楽しいでしょ。

スパイス類はすぐ使えるように棚にずらりと並べてあります。シャッターのような扉をおろせば見えなくなる。奥行きが浅いので、出し入れにも便利。

扉の内側にメモをはっています。ゴチャゴチャはっても閉めれば見えません。なんでもないことだけど、これも私のアイディア。

キッチンとキャビネットの床の間にもわずかなスペースを発見。これも収納に使うことにしました。小さな皿、ぐいのみなどを入れてます。上から見れば何が入っているのか一目でわかります。

おいしさ保証つきのごはんもの

炊きたてのごはんを食べるとき、日本人に生まれて幸せだなーって思います。

炊きたてのごはんに生卵、おかか、のり、なんでもおいしい。それに、ごはんはいろいろに変身をします。おにぎり、おかゆ、雑炊、まぜごはん、すし、丼物。それぞれのおいしさを発揮して、日本人を喜ばせます。

だけど、お米は日本だけのものじゃないですね。中国のチャーハン、中国がゆ、おこげ料理もおいしいです。イタリアにはリゾットがあるし、スペインにはパエリアがあります。サフランライスはスペインでもインドでも食べますね。ヨーロッパでは野菜の一種として、サラダに使ったり、アラレのように揚げることもあるし、甘く煮て、デザートにする国もあります。

私はハンバーグにごはんを入れることがあって、それは味をまろやかにしてくれるから。ごはんをミキサーにかけてドロドロにしてまぜると、さらっとしたスープがポタージュになります。

パンやうどんも「ごはんもの」と考えれば、これまた仲間がいっぱい。食パン、サンドイッチ用のパン、バゲットなど、めん類はうどん、そば、きしめん、そうめんなどの和風から、中華めん、マカロニ、スパゲッティなどバラエティーたっぷり。これにおかずが加わるので、レシピはどんどん広がっちゃうの。

華麗なカレー

市販のカレールウを使って
かんたんにランクアップ！
パーティーなら主役になれます。

材料（4人分）

にんじん	100 g
セロリの茎	5 cm
玉ねぎ	2個
にんにく	1かけ
えび	6～10尾
カレールウ（市販品）	1パック（180 g）
白ワイン	大さじ2
ココナッツミルク	少々
パン（パンドカンパーニュ）	適量
サラダ油	適量
ゆで野菜（じゃがいも、にんじん、かぶ、いんげんなど好みで）	適量
香菜	適量

作り方

❶ にんじん、セロリ、玉ねぎは大きめの乱切りにしてからフードプロセッサーに順に入れて回し、にんにくも入れてみじん切り状にする。フライパンにサラダ油大さじ5を熱していためる。油が回ったら弱火にして20分ほどじっくりといためる。水4カップ、ルウも加えて10分ほど煮る。

❷ えびは殻をむき、背わたをとってサラダ油大さじ1でソテーする。白ワインを振って①に加え、さらに3分ほど煮る。

❸ パンの上部を切り、中身をくりぬいて皮がカリッとするまでオーブンであたためてからカレーを入れる。ココナッツミルクをかけ、香菜とゆで野菜を添える。

● パンドカンパーニュが手に入らなければ、カレーとゆで野菜を器に盛り、フランスパンを添えてご自由に。

刻み野菜はあめ色になるまでじっくりいためてうまみを引き出して。

器のパンには切り目を入れておく。パンとカレーを各自器にとり分け、野菜にもつけながらいただく。

アジアきしめん

キムチ味のピリ辛だれで元気モリモリ。いくらでもツルツルッ。

材料（2人分）

ゆできしめん	400g
もやし	1袋
ハム	4～6枚
きゅうり	1本
A 鶏ガラスープ	½カップ
コチュジャン	大さじ2
しょうゆ、ナムプラー	各大さじ1
白菜キムチのみじん切り	大さじ2強(約40g)
ごま油	大さじ½
砂糖	小さじ1
しょうがのしぼり汁	小さじ½

作り方

❶なべに湯を沸かしてもやしをさっとゆでてざるに上げ、水けをきる。続けてめんをほぐしながら1分ゆでて湯をきり、冷水にとって冷やす。

❷ハムときゅうりはせん切りにして、もやし、めんとまぜて器に盛る。

❸Aをまぜてたれを作り、つけて食べる。

●好みで香菜のみじん切りをたれに加えても。

貝柱の炊き込みごはん

うまみとコクがあるのは
隠し味にナムプラーを使ったから。

材料（4人分）

米	3合（540ml）
ほたて貝柱缶詰	大1缶
干ししいたけ	2個
しょうがの薄切り	4枚
酒	大さじ4
ナムプラー	小さじ2
しょうゆ	小さじ1
しょうがのせん切り	適量

作り方

❶米は炊く30分前に洗ってざるに上げ、水けをきっておく。干ししいたけは湯でもどし、軸をとって細切りにする。

❷炊飯器に米を入れ、干ししいたけ、しょうがの薄切りをのせる。貝柱をほぐして缶汁ごと加え、酒、ナムプラー、しょうゆも振り入れ、水を足してふつうの水かげんにして炊く。炊き上がったらざっくりとまぜて器に盛り、しょうがのせん切りを散らす。

魚介を炊き込むごはんには、ナムプラーが絶好の隠し味に。

びっくりパニーニ

フライパンでパニーニ！
なんでもはさんでカリッと焼き上げて。

材料（3人分）

食パン（6枚切り）………………… 6枚
牛もも薄切り肉 ………………………… 3枚
玉ねぎの薄切り …………………… 小½個分
スライスチーズ（とろけるタイプ）…… 3枚
サラダ油、オリーブ油 …………… 各適量
マスタード ……………………… 大さじ3
タコソース、ケチャップなど ……… 各適量

作り方

❶牛肉にハーブ塩、こしょう各少々（分量外）
を振り、サラダ油少々で焼く。食パンは耳
を切り落とし、外側にはオリーブ油を薄く
塗り、内側にはマスタード大さじ1を塗る。
2枚の間に牛肉、玉ねぎ、チーズの順に重
ねてはさむ。残りも同様に作る。

❷フッ素樹脂加工のフライパンにのせ、ア
ルミホイルをかぶせる。なべをのせて、ぐ
っと押しつけながら弱火で片面3〜5分、
両面がカリッとするまでじっくり焼く。

❸切って器に盛り、好みのソースでいただく。

油をひかないフライパンで、パンの表面をじ
っくり焼く。

重みのあるなべを使って。なければ、ふつ
うのなべに水を入れてのせても。

青菜のヘルシーリゾット

野菜がたっぷりで、孫たちも「おいしい！ おいしい！」とみんなおかわり。

材料（2人分）

米	1カップ（200ml）
葉野菜(白菜、小松菜など)	合わせて100g
鶏むね肉	80g
玉ねぎ	½個（100g）
白ワイン	50ml
鶏ガラスープ	2カップ
粉チーズ	20g
ハーブ塩	小さじ1
バター	30g
A { 粉チーズ、あらびき黒こしょう、オリーブオイル	各適量

作り方

❶米は洗ってざるに上げる。鶏肉は1cmの角切り、玉ねぎはみじん切り、葉野菜はこまかく刻む。

❷なべにバターを熱し、米、鶏肉、玉ねぎを入れていためる。米が透き通ってきたら白ワインを加える。たえずかきまぜながら鶏ガラスープを少しずつ加え、米に吸わせながら中火で20分いため煮にする。

❸葉野菜と粉チーズ、ハーブ塩を加えてまぜ、火を止める。器に盛り、Aをかける。

とうふチャーハン と レタス卵スープ

とうふはしっかり水きりしてね。
あとは刻んで、いためて、ハイでき上がり。
スープはあつーいのを注いで
レタスがしなっとした瞬間がおいしいの。

材料（4人分）
木綿どうふ ····················· ½丁
豚ひき肉 ······················ 100g
ねぎのみじん切り ············· 大さじ2
しょうがのみじん切り ········· 小さじ1
しいたけのみじん切り ········· 1個分
ゆでたけのこのあらみじん切り ··· ½カップ
にらのあらみじん切り ········· 10本分
ごはん ··················· 茶碗に軽く3杯
しょうゆ ················ 大さじ1～1½
酒 ························· 大さじ1½
サラダ油 ······················ 大さじ1

作り方
❶とうふはペーパータオルで包み、重しを
して水きりする。
❷フライパンにサラダ油を熱し、ねぎ、し
ょうがをいためる。香りが出たら、ひき肉、
しいたけ、たけのこ、にらを加えてさらに
いためる。①のとうふをくずし入れてよく
いため、しょうゆ、酒を加えてさっといた
める。ごはんも加えてさらによくいため、
味をみて、塩、しょうゆ（分量外）でとと
のえる。

具に火が通ったら、ごはんを加える前にしょ
うゆと酒で下味をつける。

材料（4人分）
レタス ························· ½個
卵 ···························· 4個
鶏ガラスープ ················· 4カップ
ハーブ塩、オイスターソース ··· 各小さじ1

作り方
❶レタスは食べやすく手でちぎり、4等分
して器に入れる。
❷なべに鶏ガラスープを入れて火にかけ、
沸騰したら卵をポトンポトンと割り入れる。
卵がほぼ固まったらハーブ塩、オイスター
ソースで味をととのえる。①の器に卵を入
れて、スープを注ぐ。

スープカップパン

おいしいスープがしみた内側のシットリ感と、
外側のカリカリ感。その違いが楽しい。

材料（4人分）

フランスパン生地のプチパン ………… 4個
ねぎのみじん切り ……………… 小さじ1
しょうがのみじん切り ………… 小さじ1
はるさめ（乾燥） ………………… 10g

A {
鶏ささ身の細切り ……………… 1本分
干ししいたけ（湯でもどしてせん切り）
………………………………… 1個分
チンゲン菜のざく切り ……… 小½株分
}

B {
しょうゆ、酒 …………… 各小さじ1
オイスターソース ………… 小さじ½
塩、こしょう、豆板醤 ……… 各少々
鶏ガラスープ …………… 1½カップ
}

水どきかたくり粉（かたくり粉、水各小さじ1）
サラダ油 …………………… 小さじ2

作り方

❶はるさめは湯でもどして5cmくらいの長
さに切る。

❷サラダ油をひいたフライパンでねぎ、し
ょうがをいため、Aを加えてさっといため
てBを加える。少し煮て味をなじませなが

ら、水どきかたくり粉でとろみをつけ、①
を加えて塩少々（分量外）で味をととのえ
る。

❸焼いたパンの上部を切り、中身をくりぬ
いて②を入れる。

一口冷やしそば

めんつゆで、サラダ感覚で食べられちゃう。

材料（3人分）

ゆでそば ………………………………… 1袋
枝豆 ……………………………………… 適量
きゅうりのせん切り …………………… 適量
にんじんのせん切り …………………… 適量
みょうがのせん切り …………………… 適量
青じそのせん切り ……………………… 適量
焼きのりのせん切り …………………… 少々
いり白ごま ……………………………… 少々
めんつゆ（ストレートタイプ・市販品）
……………………………………大さじ3
レモン汁 ………………………… 小さじ2

作り方

❶そばはさっと水に通して水けをきる。枝
豆は塩ゆでにしてさやから出す。

❷そばを一口ずつ器に盛り、きゅうり、に
んじん、みょうが、枝豆をのせる。青じそ
とのりを盛り、白ごまを振る。めんつゆと
レモン汁を合わせてそばつゆを作り、上か
らかける。

山椒まぜごはん

山椒とごまの香りが
ふわっと広がります。

材料（4人分）

あたたかいごはん ………… 茶碗に軽く4杯
山椒の実の塩漬け（市販品）
…………………………… 大さじ1〜3
いり白ごま ………………… 大さじ1
三つ葉 ……………………… 適量

作り方

ごはんに、山椒の実とごまを加えてさっくりまぜ合わせる。器に盛り、三つ葉をざく切りにして散らす。

グレープフルーツサラダずし

酢を使わず、グレープフルーツの果汁でほのかな酸味をきかせます。

材料（2人分）

あたたかいごはん ………………… 300g
グレープフルーツ ………………… 1個
かに（むき身）…………………… 50g
三つ葉 …………………………… 適量
砂糖 ……………………………… 小さじ2
塩 ………………………………… 小さじ½強

作り方

❶グレープフルーツは横半分に切ってから、果肉をきれいにとり出す。皮は器に使うのでとっておく。果肉の半量はフォークなどでしぼって果汁大さじ4をとり、砂糖と塩を加えてよくまぜ、合わせ酢として使う。残りの果肉は食べやすくほぐす。かにもほぐす。三つ葉はざく切りにする。

❷ごはんに①の合わせ酢を加えて切るようにまぜ、冷ます。

❸①の果肉、かに、三つ葉を加えてさっくりとまぜ、皮の器に盛る。

●サラダ菜などを添えてもかわいい。

果肉は、皮との間に包丁を入れてスプーンでとり出すときれいにはずれる。

にんにくいっぱいカレー

にんにくゴロゴロ。でも火が通ってホクホク。
にんにく嫌いの人にもおすすめよ。

材料（4人分）

にんにく ························ まるごと4個
豚ひき肉 ····························· 300g
玉ねぎ ································· 2個
しょうがのみじん切り ··········· 大さじ1
A ｛ カレールウ（フレークタイプ・市販品）
　　　···················· 1袋（180g）
　　クミンパウダー ··············· 大さじ1
あたたかいごはん ··········· 茶碗に4杯
サラダ油 ························· 大さじ4

作り方

❶なべに水4～5カップとにんにくの半量を
入れて火にかけ、沸騰したら5分ほど煮る。
❷残りのにんにくはみじん切りにする。玉
ねぎは薄切りにする。
❸フライパンにサラダ油を熱し、しょうが、
にんにくをいためる。香りが出たら玉ねぎ
を加え、茶色になるまで15分よくいためる。
途中、ひき肉も加える。
❹❸を①に加え、Aも振り入れて10分煮る。
器にごはんとともに盛り、あればパセリのみ
じん切り、揚げ玉ねぎを振る。

ルウはフレークタイプがおすすめ。うまみが
あってとけやすい。

きのこと押し麦の
お急ぎリゾット

電子レンジで作るリゾットはうちの定番。
押し麦を入れた歯ざわりが楽しい。

材料（2人分）

米、押し麦 ………… 合わせて½合（90ml）
しめじ、まいたけ、しいたけ …… 各50g
A ┌ 玉ねぎのみじん切り ………… 40g
  │ ベーコンのみじん切り ………… 20g
  │ にんにくのみじん切り …… 小さじ½
  │ オリーブオイル ………… 大さじ1
  └ 湯 ……………………… 250ml
B ┌ バター ……………… 大さじ1
  └ 粉チーズ …………… 大さじ2
ハーブ塩 ………………… 小さじ½

作り方

❶米と押し麦は洗ってざるに上げる。しめ
じ、まいたけ、しいたけはみじん切りにする。
❷耐熱容器に①とAを入れてまぜ、ふんわ
りとラップをかけて500Wの電子レンジで
15分加熱する。
❸とり出して、ラップのまま5分蒸らし、B
をまぜ、ハーブ塩で味をととのえる。

ひき肉ナッツライス

ナッツ類の香ばしさでごはんのおいしさがアップします。

材料（4人分）

ごはん ………………… 茶碗に4杯
豚ひき肉 …………………… 100g
松の実のあらみじん切り ……… ½カップ
ピーナッツのあらみじん切り …… ½カップ
にんにくのみじん切り ………… 大さじ1
塩、こしょう ………………… 各適量
バター ……………………… 大さじ4
サラダ油 …………………… 大さじ1
イタリアンパセリ（またはパセリ）のあらみ
　　じん切り ………………… 少々

作り方

❶フライパンにバター、サラダ油を熱して
にんにくをいためる。香りが出たらひき肉
を加え、酒少々（分量外）を振っていため、
ごはんを加えてさらにいためる。
❷松の実、ピーナッツを加えてさらにいた
め、塩、こしょうで味つけする。器に盛り、
イタリアンパセリを散らす。
●ピーナッツはおつまみ用でOK。味をみて、
仕上げの塩、こしょうをかげんして。

ごはんが進む！和風のおかず

ここにご紹介する4品は、「もう1品何かほしいな」というときに、うちでよく作る小さなおかずです。

牛バラ肉の糸こん煮

水を使わず、お酒で煮るからコクが出るの。

材料（4人分）

牛こまぎれ肉	150 g
糸こんにゃく	170 g
ごぼう	1本（100 g）
酒	¼カップ
A　しょうゆ	大さじ2
砂糖	大さじ1½
みりん	大さじ1
しょうがのせん切り	適量
木の芽（または粉山椒）	少々

作り方

❶糸こんにゃくは下ゆでして食べやすく切る。牛肉も食べやすく切る。ごぼうは細めのささがきにして、さっと水にさらす。

❷なべに①、酒を入れて火にかけ、いり煮にする。肉の色が変わってきたらAも加えて弱火にし、汁けがなくなるまで煮る。しょうがもまぜ、器に盛って木の芽をのせる。

温泉卵のり風味

水から入れて沸騰後4分。
和風旅館の朝食みたい。

材料（作りやすい分量）

卵	4個
A　だし	2カップ
しょうゆ	小さじ2
みりん	小さじ1
塩	小さじ½
かたくり粉	少々
焼きのり	1枚
三つ葉	少々

作り方

❶なべに卵とかぶるくらいの水を入れ、火にかける。沸騰したら4分ゆでて冷水にとり、殻をむく。縦半分に切って器に盛る。

❷なべにAの調味料を全部入れてひと煮立ちさせる。火を止め、焼きのりをこまかくちぎって加え、ふやかす。卵を入れた器にだしを注ぎ入れ、三つ葉を添える。

じゃこと青菜のさっと煮

旬の青菜がたっぷり食べられる。

材料（4人分）

小松菜	1束
油揚げ	大1枚
ちりめんじゃこ	40g
だし	2カップ
しょうゆ	小さじ4

作り方

❶小松菜は長さを3等分に切る。油揚げは熱湯を回しかけて油抜きし、1.5cm幅に切る。

❷なべにちりめんじゃこ、油揚げ、だしを入れ、弱めの中火で5分ほど煮る。しょうゆを加えて小松菜を入れ、さっと煮る。

最初にじゃこ、油揚げをコトコト煮て、じゃこからじゅうぶんだしが出てきたところで小松菜を加えてさっと火を通します。じゃこの塩分はまちまちなので、味をみてしょうゆの量をかげんして。

カンタン白あえ

マヨネーズを入れたこっくり味は
白あえのニューフェイス。

材料（4人分）

いんげん	大1袋(200g)
木綿どうふ	½丁(150g)
塩	少々
A すり白ごま	大さじ4
マヨネーズ	大さじ3
砂糖	小さじ2
薄口しょうゆ、酢	各小さじ1
塩	少々

作り方

❶なべに湯を沸かし、塩を加えていんげんをゆでる。ざるに上げて水けをきり、3cm長さの斜め切りにする。

❷とうふはボウルにくずし入れ、Aを加えてよくまぜる。①を加えてあえる。

パーティーをおいしく

ときどきホームパーティーを開きます。気どったことはできません。夫の友だち、私の仲間が集まるパーティーです。それでも前の日から準備をする必要があるので、買い物やら部屋の掃除やら、主婦は大変です。夫の協力も絶対必要ですね。

主婦が張り切りすぎて、当日疲れた顔を見せたり、パーティーが盛り上がっているのに主婦だけひとりキッチンで料理を作っていたりすると、お客さまに気をつかわせてしまうので、料理に時間をかけないような工夫をします。

気のおけない友だちが多いパーティーなら「エプロン持ってきて」と声をかけて、みんなに手伝ってもらいます。それでもキッチンに立つ時間が長ければ、お客さまにキッチンに入ってきてもらう。料理をする音も香りも、おもてなしのひとつだと思います。

料理を出すときは、テーブルの演出も考えます。見た目に楽しい料理、変わった料理だと話題になるでしょ。はじめてのお客さま同士の会話のきっかけになることもあります。

ぜいたくなことをするよりも、みんなの思い出になるパーティーのほうが、素敵だと思います。

クリスマスのごちそう

豚のフリカッセ

お肉自身の煮汁でソースを作るから、ムダなくおいしい。圧力なべでお手軽に。

材料（4人分）

豚ももかたまり肉 ……………………… 500g
ハーブ塩 ………………………………… 小さじ2
A ┌ ローズマリー …………………… 3枝
　│ にんにくの薄切り ……………… 2かけ分
　│ 酒 …………………………………… ¼カップ
　└ オイスターソース ……………… 小さじ1
バター ……………………………………… 40g
小麦粉 ……………………………………… 大さじ4
ハーブ塩、こしょう …………………… 各少々
ほうれんそう …………………………… 2束
パプリカ（赤） ………………………… ½個

作り方

❶豚肉はハーブ塩をもみ込み、10分おく。

❷Aのローズマリー、にんにくはだし用のパックに入れ、残りのAの材料、豚肉、水4カップとともに圧力なべに入れ、10分加圧後空気を抜く（普通のなべなら1時間ほど煮る）。煮汁はとっておく。

❸ソースを作る。フライパンにバターをとかし、小麦粉を加えていためる。②の煮汁2〜3カップを少しずつ加え、木べらでのばしながら、とろりとするまでまぜる。ハーブ塩、こしょうで味をととのえる。

❹ほうれんそうはゆでて水にとり、水けをしっかりしぼる。パプリカはせん切りにしてさっとゆでる。皿に盛り、②の肉を薄く切ってのせ、③のソースをかける。

魚と野菜の
ぜいたくスープ

なべごと出せば、みんなが勝手にとり分けて食べてくれるのでラクチンよ。

材料（4人分）

魚のあら(鯛、すずきなど) ………… 800g
塩 ……………………………………… 少々
にんじん(皮をむいてとっておく) …… 2本
A {
　にんにく(つぶす) ………………… 1かけ
　セロリの葉 ………………………… 1本分
}
B {
　白ワイン ………………………… 50ml
　水 ……………………………… 10カップ
}
金目鯛(頭もあればなおよい) …… 4切れ
C {
　ハーブ塩、あらびき黒こしょう・各少々
　白ワイン ………………………… 大さじ1
}
じゃがいも ………………………… 2個
セロリ ……………………………… 1本

D {
　小玉ねぎ …………………………… 8個
　ローリエ …………………………… 1枚
　赤とうがらし …………………… 小1本
}
ハーブ塩、こしょう ……………… 各少々
サラダ油 ………………………… 大さじ½
好みのたれ(88〜90ページ) ………… 適量

作り方

❶スープを作る。魚のあらは塩を振り、しばらくおく。さっと熱湯にくぐらせて、水けをきる。大きめのなべにサラダ油を熱し、Aとにんじんの皮をいためる。香りが出たらあらとBを加え、途中アクをとりながら蓋をせずに弱火で30〜40分煮る。ざるでこしてスープをとる。

❷金目鯛はCを振って下味をつける。じゃがいも、にんじん、セロリは食べやすく切る。

❸①のスープをなべに入れ、じゃがいも、にんじん、セロリ、あれば金目鯛の頭、Dを加えて火にかけ、野菜がやわらかくなるまで煮る。金目鯛を加えて5分ほど煮て、ハーブ塩、こしょうで味をととのえる。

❹好みのたれにつけながらいただく。

おしゃれムース

サーモンとほたてをフードプロセッサーで
とことんなめらかにして、ハイでき上がり！

材料（4人分）

A ┌ スモークサーモン ················100g
　├ 白ワイン ····················大さじ1
　└ レモン汁 ····················小さじ2
生クリーム ··················1カップ強
ディルのみじん切り ·············大さじ1
塩、こしょう ···················各少々
B ┌ ほたて貝柱（刺し身用）·········6個
　├ 白ワイン ····················大さじ1
　├ レモン汁 ····················小さじ1
　├ 生クリーム ··················1カップ
　└ 塩、こしょう ···············各少々
バゲットの薄切り ···············各少々

作り方

❶サーモンムースは、Aをフードプロセッ
サーにかけ、なめらかにしてボウルに移す。
五分立てにした生クリームを少しずつ加え
てまぜ、ディルを加え、塩、こしょうで味
をととのえて冷蔵室で冷やす。

❷ほたてムースはBの材料で①と同様に作
る。

❸皿に2色のムースを盛って、焼いたバゲ
ットと、あればピンクペッパー、ディル、
レモンを飾る。

ノエルパイ

サクッと焼いたりんごパイに
シナモン味のアイスクリームを添えて。

材料（4人分）

冷凍パイシート ················450g
りんご（紅玉）··············1〜2個
小麦粉 ·······················少々
グラニュー糖 ··············大さじ4½
シナモンパウダー ·········大さじ3〜4
バニラアイスクリーム（市販品）······500g
ココアパウダー（あれば）··········適量

作り方

❶パイシートは少し解凍してやわらかくし、
両面に小麦粉をまぶし、半分の厚さにのばす。

りんごはよく洗って皮つきのまま5mm厚さ
のくし形切りにする。パイシートにグラニ
ュー糖大さじ½を振ってりんごを並べ、さ
らにグラニュー糖大さじ4を振る。200度に
予熱したオーブンで15〜20分焼く。

❷少しやわらかくしたアイスクリームとシ
ナモンをフードプロセッサーにかけ、再び
冷蔵室で固め、りんごパイに添える。器に
ひいらぎをおき、ココアを振って、そっと
はずす。

自慢のたれで焼き肉パーティー

ふつうの焼き肉に飽きたら、こんなお肉やたれはいかが？ 11種のたれをお好みで。

豪快に手でムシャムシャ。
ラムチョップ焼き

材料と作り方
鉄板（ホットプレートでも）をよく熱して、ラムチョップに軽く塩、こしょうを振り、両面を焼く。ねぎ、オクラ、生しいたけは食べやすい大きさに切って串に刺し、いっしょに焼く。

香菜だれ

材料と作り方
香菜は、根の部分（甘くておいしい）も捨てないで、葉先までていねいにこまかく刻み、¼カップ分用意する。しょうゆ¼カップと合わせ、しばらくおいて味をよくなじませる。

たれ2種

どんな食材にも合う、オールマイティーな定番だれはこちら。

ピリ辛だれ

材料と作り方
みそ、ねぎのみじん切り各大さじ1、酒大さじ2、かつおだし大さじ3、砂糖、豆板醤、しょうゆ各小さじ1、しょうがのみじん切り小さじ½をよくまぜ合わせる。

ビールのおつまみはコレで決まり！

鶏の手羽先焼き

材料と作り方
手羽先は、塩、にんにくのすりおろし、ごま油各少々でしばらく漬け込み、熱した鉄板で両面を焼く。ししとうがらし、しめじもいっしょに焼く。

シコシコした歯ざわりがたまらない！

牛タン焼き

材料と作り方
牛タンスライスは、熱した鉄板でそのまま両面を焼く。コロコロのにんにく、もやしもいっしょに焼く。一般的にはレモン塩だけれど、いろんなたれで楽しんでね。

たれ3種

さっぱり食べるならレモン塩、エスニックな魅力のナムプラーだれ、甘ずっぱさがあとを引くキーウィだれ。

レモン塩

材料と作り方
塩適量とレモン汁適量を合わせる。別々につけても、もちろんおいしい。

ナムプラーだれ

材料と作り方
ナムプラー、ライムのしぼり汁各大さじ4と水大さじ2をまぜ合わせる。

キーウィだれ

材料と作り方
完熟のキーウィ1個は裏ごしし、ねりわさび小さじ1、サラダ油小さじ2を加えてまぜ合わせる。

たれ6種

たれがいっぱいあると、焼き肉の楽しさも倍増します。
焼き肉だけじゃなく、なべ物、シーフード、サラダ、焼き魚、あえ物など、いろいろ試してみて!

オクラ ねばねばだれ

材料
オクラ（さっとゆでる）……… 80g
青じそ ………………… 10枚
みりん、酢 ………… 各小さじ1
ゆずこしょう、かつお粉
…………………… 各小さじ½
ポン酢しょうゆ、水 … 各大さじ1
作り方
材料すべてをフードプロセッサーに
かける。

ねぎしょうゆだれ

材料
ねぎのみじん切り ………… 40g
みりん、酒 ………… 各大さじ1
しょうゆ …………… 大さじ1½
ごま油 ……………… 小さじ1
作り方
小なべにごま油を熱してねぎをいた
め、香りが出たら残りの材料を加え、
さっと煮る。

ごま酢だれ

材料
ねり白ごま …………… 大さじ1
しょうゆ ……………… 小さじ2
砂糖、すり白ごま、酢 … 各大さじ1
作り方
ボウルにねりごまとしょうゆを入れ
てよくまぜ、砂糖、すりごま、酢の
順に加えてまぜる。

梅肉だれ

材料
梅肉、水 …………… 各大さじ2
削り節 ………………… 2g
砂糖 ………………… 小さじ2
しょうゆ ……………… 小さじ1
作り方
削り節は袋の上からもんでこまかく
し、ボウルに入れて残りの材料も加
え、まぜ合わせる。

韓国風たれ

材料
しょうゆ ……………… 大さじ2
すり白ごま …………… 大さじ2
コチュジャン、ごま油、砂糖、水
…………………… 各大さじ1
にんにくのすりおろし … 小さじ1
作り方
材料すべてをよくまぜ合わせる。

カレーだれ

材料
カレー粉、しょうゆ … 各小さじ1
水 …………………… 大さじ3
トマトケチャップ ……… 大さじ2
クミンパウダー ……… 小さじ¼〜
作り方
耐熱容器にカレー粉を入れ、ふんわ
りとラップをかけて500Wの電子レ
ンジで1分ほど加熱し、粉くささを
とる。残りの材料を加えてまぜ合わ
せる。

焼き肉のたれを使ったさっぱりメニュー

シャキシャキサラダ ＋ねぎしょうゆだれ

サンチュ（ほかの野菜でも）、ラディッシュ
はせん切りにして盛り合わせる。ミニトマ
トも添え、食べるときにねぎしょうゆだれ
をかける。焼き魚にも合う。

ホクホクポテト ＋カレーだれ

ベーコンは1cm角に切ってカリカリに焼く。
じゃがいもはゆでて、一口大に切って器に
盛る。カテージチーズ、パセリのみじん切り、
ベーコンを振りかけ、カレーだれをかける。
魚のから揚げにも合う。

スティック野菜 ＋梅肉だれ

アスパラガスは長さを半分に切ってゆでる。
大根、セロリは食べやすく切る。梅肉だれ
につけながらいただく。野菜はもちろん、
白身魚や蒸し鶏などにも。

カンタンおすしで おもてなし！

無国籍 わんこちらし

すしめしに具をトッピングして
わんこそば感覚でいただきまーす！

材料（4人分）

基本のすしめし ························ 4人分

A
- 鯛などの白身魚（刺し身用） ······ 150g
- 切り白ごま ····················· 大さじ2
- しょうゆ ······················· 大さじ2

B
- まぐろ（刺し身用） ············· 150g
- 香菜のみじん切り ··············· 大さじ2
- しょうゆ ······················· 大さじ2

C
- いか（刺し身用） ················· 1ぱい
- キムチの細切り ···················· 80g
- しょうゆ ························· 小さじ2

具
- きゅうりの角切り ·············· 1/2カップ
- たくあんの角切り ·············· 1/2カップ
- あさつき（3cm長さに切る） ····· 10本分
- 青じそ ·························· 10枚
- 焼きのり（ちぎる） ············· 2枚分

作り方

❶Aの白身魚は薄切りに、Bのまぐろは1cm
角に、Cのいかは胴の皮をむいて細切りにす
る。それぞれA、B、Cのほかの材料とまぜ
合わせ、しばらくおいて味をなじませる。

❷皿に3種類を盛り、別皿に具をそれぞれ
盛って添える。各自小碗にすしめしを盛り、
好みの具をのせていただく。

基本のすしめしの作り方

材料（4人分）

米 ···························· 3合(540ml)
砂糖 ·························· 大さじ4 1/2
酢 ···························· 大さじ6
塩 ···························· 小さじ1

作り方

❶米は炊く30分前に洗ってざるに上げ、水
けをきる。いつもよりやや少なめに水かげ
んして、かために炊く。

❷砂糖、酢、塩をよくまぜ合わせてすし酢
を作る。炊き上がったごはんにすし酢を加
えて切るようにまぜ、冷ます。

めいめいですしめしをよそい、
好みのお刺し身と好みの具をの
せていただきます。ピリ辛味、
さっぱり味、いろいろなおいし
さが楽しめますよ。

春色
はまぐりちらし

はまぐりの蒸し汁を入れて炊きます。
ほんのりはまぐり風味のすしめしです。

材料（4人分）

米 ………………………… 2合（360ml）
殻つきはまぐり（砂抜きずみ） ……… 400g
酒 ……………………………… 大さじ2
A { 砂糖 …………………………… 大さじ3
酢 ……………………………… 大さじ4
塩 …………………………… 小さじ⅔
しょうがのみじん切り ………… 大さじ1
菜の花 ………………………………… ½束
卵 ……………………………………… 2個
塩 …………………………………… 適量
砂糖 ……………………………… ひとつまみ

作り方

❶米は炊く30分ほど前に洗ってざるに上げ
ておく。なべによく洗ったはまぐりと酒を入
れ、蓋をして蒸し煮にする。はまぐりの口
が開いたらざるにあけて蒸し汁をこす。身
は殻からはずす。

❷炊飯器の内がまに米、はまぐりの蒸し汁を
入れる。2合の目盛りまで水を足してさっと
まぜ、ふつうに炊く。

❸ボウルにAをまぜて合わせ酢を作る。

❹炊きたての②を飯台などにあけて合わせ
酢をまぜ、さらに①のはまぐりの身、しょ
うがを加え、切るようにまぜる。

❺なべに湯を沸かして塩少々を加え、菜の花
をさっとゆでる。水にとって水けをしぼり、
食べやすく切って④に加えてまぜ、器に盛る。

❻卵はときほぐして塩ひとつまみ、砂糖を
加えてまぜ、薄焼き卵を作る。せん切りに
して⑤にのせる。

はまぐりの口が開いたら、ざるにペーパー
タオルを敷いて下にボウルをおき、こして
蒸し汁をとる。

お楽しみ・ボートずし

マヨネーズ味の洋風ずしなど、和洋お好みの具でどうぞ。

材料（4人分）

基本のすしめし（92ページ参照）···· 4人分
焼きのり ················· 4枚

A {
青じその葉 ············· 2〜3枚
ハム ················· 2〜3枚
チーズ ················· 適量
}

B {
青じその葉 ············· 2〜3枚
かにかまぼこ ··········· 2〜3本
マヨネーズ ············· 適量
}

C {
スモークサーモン ········· 2〜3枚
黒オリーブ ············· 2〜3個
レモンの薄切り ··········· 少々
}

D {
ちりめんじゃこ ··········· 大さじ2
高菜のみじん切り ········· 大さじ2
マヨネーズ ············· 適量
}

作り方

❶A、B、Cの具は、それぞれ食べやすく切る。Dの高菜とちりめんじゃこにマヨネーズを加えてあえる。

❷のりは1枚を6枚の帯状に切る。すしめしはのりの幅より少し低く一口大ににぎり、周囲にのりを巻きつける。A〜Dの具をそれぞれ好みの量のせる。

パッとできてめでたいお正月料理

れんこん丸ごとホクホク蒸し

お正月らしいとり合わせでしょ。蒸しれんこんは食べるとき、糸を長く引くのが楽しいの。

材料（4人分）

れんこん	……………………	400g
有頭えび	……………………	大4尾
塩	……………………	少々
A	白みそ ……………………	大さじ4
	みりん ……………………	小さじ1
	砂糖 ……………………	大さじ1
	水 ……………………	大さじ1
酢	……………………	大さじ1
B	にらのみじん切り …………	大さじ3
	しょうゆ ……………………	¼カップ

作り方

❶れんこんは酢水にさらしてから、ラップで包む。500Wの電子レンジで10分加熱し、途中上下を返す。あら熱をとって大きめの一口大に切る。

❷えびは殻つきのまま背わたをとり、塩を加えた熱湯でゆでる。

❸耐熱容器にAを入れてラップをかけずに電子レンジで30秒加熱し、酢を加えてまぜ、酢みそにする。Bはまぜてにらじょうゆを作る。器に①と②を盛り合わせ、あれば松を飾る。酢みそ、にらじょうゆを添える。

ちび野菜サラダ

野菜のゆで汁を使ったドレッシング。
まろやかな味です。

材料（4人分）

ミニキャロット	5本
ベビーポテト	6個
小玉ねぎ	6個
かぶ	3個
さやいんげん	20本
鶏ガラスープ	3カップ
卵黄	1個分
バター	大さじ1
小麦粉	大さじ1
塩、こしょう	各少々
マスタード	適量

作り方

❶かぶは軸を1cmほど残して葉を切り落とし、四つ割りにする。ミニキャロットは斜め半分に切る。いんげんは長さを半分に切る。

❷なべに鶏ガラスープを入れ、沸騰したら、ミニキャロット、ベビーポテト、小玉ねぎ、いんげん、かぶの順に入れてゆでる。野菜が全部やわらかくなったら、ざるに上げて汁けをきる。ゆで汁全量はソース用にとっておく。

❸ソースを作る。ボウルに卵黄をときほぐし、②のゆで汁から大さじ3を加えてときのばす。

❹なべを弱火にかけてバターをとかし、小麦粉をいため、ゆで汁½カップを少しずつ加えてまぜ、だまにならないようにまぜる。とろみがついたら、塩、こしょう、マスタードを加えて、③もまぜて火を止める。

❺器に②の野菜を盛り、④のソースをかける。

ギューギュー煮豚

なべにきっちり入れればたこ糸いらず。
豚と野菜をパンにはさめばブランチにも。

材料（3人分）

豚肩ロースかたまり肉	500g
A　しょうゆ、紹興酒（または酒）	各大さじ4
砂糖、はちみつ	各大さじ1½
ねぎの青い部分	1本分
しょうがの薄切り	4枚
八角	1かけ
サンドイッチ用食パン	適量
サラダ菜、香菜、ねぎ	各適量

作り方

❶小さめのなべに豚肉をきっちり詰めて、ねぎの青い部分、しょうが、八角をのせ、Aをまぜ合わせてかける。アルミホイルに数カ所穴をあけて落とし蓋にし、弱火で20分ほど煮る。上下を返してさらに20分煮て火を止め、蓋もして余熱で火を通す。

❷食パンは食べやすく切る。ねぎは4cm長さに切ってからせん切りにする。香菜は葉先をつむ。

❸煮豚をあたたかいうちに薄く切って煮汁をつけ、サラダ菜、食パン、ねぎ、香菜とともに皿に盛る。

❹好みでマスタードを食パンに薄く塗って、③の野菜と煮豚をはさんでいただく。

おったて鯛
ベトナムで出会ったこの盛りつけに大感激。
あちらはあじだったけど、私はきばって鯛にしました。

材料（4人分）
鯛 ···································· 1尾
塩、酒 ······························· 各少々
大根 ································· ⅓本
にんじん、三つ葉 ·················· 各少々
レモン ······························ 適量
たれ（88〜90ページ参照）·········· 適量

作り方
❶鯛はうろことえら、内臓をとってよく洗
い、水けをふいて塩と酒を振る。2〜3カ
所に切り目を入れ、200度に予熱したオーブ
ンで20〜30分焼く。途中、焦げないように
尾や背びれをアルミホイルでおおう。
❷大根とにんじんはスライサーでせん切り
にする。三つ葉は葉先をつむ。
❸あれば飾り用の青葉を敷いた皿に、②を

まぜて盛り、鯛をのせる。
●レモンをしぼり、身をとりながら好みのた
れでいただく。ナムプラーだれ、梅肉だれ、
その他いろいろで試してください。塩もおい
しい。
●鯛を立てて盛りつけるときは、大根を土台
にして盛り、四隅に竹串を刺して鯛を支える。
竹串は万能ねぎをかぶせてカバーにし、先端
を4つに切って開く。

とっておきデザート

ふだんの食事の締めくくりに。おもてなしの
締めくくりに。ティータイムに。簡単にでき
るデザートばかりです。

いちご アイスクリーム

つぶしたいちごに生クリームをまぜるだけ。
子どもでも作れますよ。

材料 (4人分)

いちご ································· ½パック
生クリーム ························· ½カップ
砂糖 ····································· 40g
ミント ································· 少々

作り方

❶いちごと砂糖をポリ袋に入れ、袋の上か
ら手でグチャグチャにつぶす。

❷生クリームを八分立てに泡立て、いちご
と合わせる。バットに流し入れ、冷凍室で
冷やし固める。

❸食べやすく切り分けて器に盛り、ミント
を飾る。

アールグレイ
トースト

紅茶の香りが口いっぱいに広がります。

材料（4人分）

フランスパン（2cm厚さ）……… 8枚
アールグレイのティーバッグ……… 1個
牛乳……………………………… ½カップ
卵………………………………… 1個
砂糖…………………………… 大さじ1½
バター…………………………… 大さじ2

作り方

❶ティーバッグは袋ごと指でもみ、葉をこまかくして袋から出す。

❷耐熱容器に①と牛乳の半量を入れ、500Wの電子レンジでラップをかけずに1分加熱し、煮出す。

❸ボウルに②と残りの牛乳、卵、砂糖を入れてまぜ、パンをひたす。

❹フライパンにバターをとかし、③を入れて両面を焼く。皿に盛って、あれば粉糖をかけても。

グレープフルーツ
シャーベット

あったか料理のあとにひんやりデザート。
ミントかグレープフルーツを引き立てます。

材料（4人分）

A ┌ グレープフルーツのしぼり汁
  │ ……………………………… 2カップ
  └ ミントのみじん切り……… 大さじ2
グラニュー糖…………………… ½カップ
飾り用グレープフルーツ……………… 適量
飾り用ミント…………………………… 少々

作り方

❶耐熱容器に水½カップとグラニュー糖を入れ、ふんわりとラップをかけて500Wの電子レンジで2分ほど加熱し、グラニュー糖を煮とかしてあら熱をとる。

❷バットに入れてAを加え、冷凍室に入れる。途中で何度かフォークなどでかきまぜ、空気を含ませながら冷やし固める。器に盛り、食べやすく切ったグレープフルーツを添えてミントの葉を飾る。

ウーロン
シナモンパンチ

ウーロン茶の香りをデザートに利用しました。
材料（4 人分）
ウーロン茶の葉 ························· ½カップ
シナモンスティック ···················· 2本
ライチ缶詰 ···························· 適量
パパイヤ ······························ 適量
砂糖 ································· ½カップ
飾り用ミント ························· 少々
作り方
❶なべにウーロン茶の葉とシナモンスティック、水2カップを入れて火にかけ、約⅔カップになるまで煮詰める。
❷別のなべで砂糖と水½カップを煮てシロップを作る。
❸ライチとパパイヤは食べやすく切る。缶詰のシロップはとっておく。
❹①～③をまぜてよく冷やし、コップに入れてミントを飾る。好みで缶詰のシロップを加える。

コーヒークリームゼリー

型はなんでもいいんだけど、
私はペットボトルの底を利用してみました。
いろいろな形が楽しめるの。
材料（4 人分）
卵黄 ······························· 2個分
砂糖 ····························· 大さじ6
牛乳 ····························· 2カップ
粉ゼラチン ······················· 1½袋
生クリーム ······················· ¼カップ
A ┌ 生クリーム ················· ½カップ
　│ インスタントコーヒー ······· 大さじ½
　└ 砂糖 ······················· 大さじ2
作り方
❶粉ゼラチンは表示どおりの分量の水に入れてふやかし、500Wの電子レンジで加熱して煮とかす。
❷ボウルに卵黄と砂糖を入れ、泡立て器でとろりとするまでよくまぜる。
❸ぬるめにあたためた牛乳を②に加えてよくまぜ、①もまぜて冷ます。次に生クリームも加え、型に入れて冷やし固める。
❹コーヒーソースを作る。Aの生クリームはとろりと泡立てる。コーヒー、砂糖を湯大さじ1でといて生クリームにまぜる。③を型から出して器に盛り、ソースをかける。

ペットボトルの底から10cmほどのところで切ってゼリーの型に。とり出すときはぬるま湯につけて。

ココナッツキャラメル

市販のキャラメルで作るアジア風デザート。
材料（4人分）
A	ココナッツミルク ‥‥‥‥‥	2カップ
	牛乳‥‥‥‥‥‥‥‥‥‥‥‥	1カップ
	ミルクキャラメル（市販品）‥‥‥	12粒

バニラエッセンス ‥‥‥‥‥‥‥‥‥‥‥ 少々
白玉粉 ‥‥‥‥‥‥‥‥‥‥‥‥‥‥‥ 100g
バナナ ‥‥‥‥‥‥‥‥‥‥‥‥‥‥‥ 適量
シナモンパウダー ‥‥‥‥‥‥‥‥‥‥‥ 少々

作り方
❶なべにAを入れて弱火にかけ、たえずまぜながらキャラメルを煮とかす。バニラエッセンスを加えて火を止め、あら熱をとって冷蔵室で冷やす。

❷ボウルに白玉粉を入れ、水適量を加えて耳たぶくらいのやわらかさにねる。小さめのだんごに丸め、沸騰した湯でゆでて冷水にとり、水けをきる。バナナは輪切りにする。

❸器に白玉だんごとバナナを入れ、①を注ぎ入れ、シナモンを振る。

キャラメルを煮とかすときは、弱火でゆっくりと。たえずかきまぜて、完全にとかす。

キールゼリー

カシスの香りが食後にうれしい。
材料（4人分）
白ワイン ‥‥‥‥‥‥‥‥‥‥‥‥ 330ml
カシスリキュール ‥‥‥‥‥‥‥‥‥ 70ml
粉ゼラチン ‥‥‥‥‥‥‥‥‥ 2袋（10g）
木いちご（いちごでも）‥‥‥‥‥‥ 適量

作り方
❶粉ゼラチンは表示どおりの分量の水に入れてふやかし、500Wの電子レンジで少々加熱してまぜ、煮とかす。

❷ボウルに白ワインとカシスリキュール、①を合わせてまぜ、グラスに等分に注いで冷やす。途中、固まりかけたら木いちごを散らし、さらに冷やし固める。

バナナもち

お正月のおもちで作る簡単デザート。

材料（4人分）

バナナ	2本
スライスアーモンド	½カップ
もち	4個
バター	大さじ2
砂糖	大さじ2
ブランデー（あれば）	少々
チョコレートシロップ（市販品）	大さじ4

作り方

❶バナナは8mm厚さの輪切りにする。アーモンドはオーブントースターできつね色になるまで焼く。

❷フライパンに油をひかずにもちを並べ、弱火で両面を焼く。やわらかくなったらバター大さじ1を入れてからめ、器に盛る。

❸フライパンに残りのバターを足し、バナナを入れて弱火にかける。砂糖も加えてからめ、ほんのり茶色になったらブランデーを加えて香りをつける。

❹②の器にバナナを盛り、チョコレートシロップをかけてアーモンドをのせる。

●チョコレートシロップがなければ、板チョコを刻んで振りかけても。

ヨーグルトムースいちごソース

いちごソースは砂糖を加えてつぶしただけのシンプルソース。

材料（4人分）

プレーンヨーグルト	250mℓ
卵白	3個分
グラニュー糖	30g
粉ゼラチン	2袋（10g）
生クリーム	½カップ
ブランデー	大さじ1
A ┌ いちご	½パック
A ┤ 砂糖	大さじ1½
A └ レモン汁	½個分

作り方

❶ボウルに卵白を入れてグラニュー糖を加え、角が立つまで泡立ててメレンゲにする。

❷粉ゼラチンは表示どおりの分量の水に入れてふやかし、500Wの電子レンジで加熱して煮とかす。ボウルにヨーグルトを入れてゼラチンを加え、底を氷水に当ててとろみがつくまでよくまぜる。

❸別のボウルに生クリームを入れ、とろりとするまで泡立てて②に加える。①とブランデーも加え、器にふんわりと流して冷やし固める。

❹Aのいちご、砂糖はポリ袋に入れ、袋の外から手でもんでつぶす。レモン汁を加えてさらにもみ、器に盛った③にかけていただく。

フルーツ
パンプディング

食事中にオーブンに入れておけばOK。
アイスクリームをのせて食べても。

材料（4人分）

黄桃缶詰	……………………	1缶（約430g）
食パンのさいの目切り	…………	1カップ
	卵黄 ……………………………	2個分
A	生クリーム …………………	大さじ4
	砂糖 …………………………	大さじ2
	キルシュ（あれば）…………	小さじ1

作り方

❶耐熱皿にパンを並べ入れ、黄桃を食べやすく切ってのせる。缶汁½カップ分はAとまぜてかける。

❷アルミホイルをかぶせ、200度に予熱したオーブンで15分ほど焼き、中まで火が通ったらホイルをはずして焼き色をつける。

●黄桃の缶汁の残りは、キルシュとレモン汁各少々を加えて冷凍し、シャーベットにするとおいしい。

平野レミ・プロフィール
料理愛好家・シャンソン歌手。主婦として家庭料理を作り続けた経験を生かし「料理愛好家」として活躍。〝シェフ料理〟ではなく、〝シュフ料理〟をモットーに、テレビ、雑誌などを通じて数々のアイデア料理を発信。また、レミパンやエプロンなどのキッチングッズの開発も手がける。著書に『わたしの和だし』（ナツメ社）など多数。ツイッターでの140字レシピも人気。
https://remy.jp/

和田　誠・プロフィール
1936年生まれ。グラフィックデザイナー、イラストレーター。59年多摩美術大学卒業、ライトパブリシティに入社。68年からフリー。77年より40年余り「週刊文春」の表紙を担当。74年、講談社出版文化賞ブックデザイン部門受賞。89年ブルーリボン監督賞、94年菊池寛賞、97年毎日デザイン賞、2019年日本アカデミー賞会長特別賞ほか、受賞多数。本書では絵とともに装丁・デザインも担当。2019年秋に惜しまれつつ逝去。

調理と文＝平野レミ
撮影＝安東紀夫
　　　白根正治（P29、34、35、80〜83のみ）
デザインと絵＝和田　誠
文＝中島　朝
撮影＝松木　潤（主婦の友社）
DTP＝鈴木庸子（主婦の友社）
担当編集＝澤藤さやか（主婦の友社）

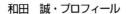

新版　平野レミの作って幸せ・食べて幸せ
（しんぱん　ひらの　つく　しあわせ　た　しあわ）

2020年6月30日　第1刷発行
2020年8月31日　第3刷発行

著　者　平野レミ（ひらの）
発行者　平野健一
発行所　株式会社主婦の友社
　　　　〒141-0021
　　　　東京都品川区上大崎3-1-1　目黒セントラルスクエア
　　　　電話 03-5280-7537（編集）　03-5280-7551（販売）
印刷所　凸版印刷株式会社

©Remi Hirano 2020 Printed in Japan　ISBN978-4-07-443298-1

■本書の内容に関するお問い合わせ、また、印刷・製本など製造上の不良がございましたら、主婦の友社（電話03-5280-7537）にご連絡ください。
■主婦の友社が発行する書籍・ムックのご注文は、お近くの書店か主婦の友社コールセンター（電話0120-916-892）まで。
＊お問い合わせ受付時間 月〜金（祝日を除く）9:30〜17:30
主婦の友社ホームページ　https://shufunotomo.co.jp/

本書は『平野レミの作って幸せ・食べて幸せ』（1999年刊）に巻頭取材を加え、より作りやすくなるようレシピを見直し、再編集したものです。